지금 이 순간
라오스
행복을 꿈꾸는 여행자의 낙원

오주환 지음

상상출판

작가의 말

여행은 언제나 꿈처럼 나를 부른다. 꿈은 언제나 예고 없이 찾아온다. 길을 걷다가도 배낭을 메고 지나는 이들을 보면 낯선 태양이 비추는 거리를 걷는 나를 상상한다. 그리고는 상상 속 세상이 마치 나를 위해 준비된 장소라고 착각한다. 누군가는 허망한 꿈이라고 말할지도 모른다. 절대 그렇지 않다. 여행은 언제나 실현 가능한 꿈이자, 그 세상은 존재하는 실체다. 꿈이 이상향을 향한 바람이라면, 여행은 나에게 이상향으로 가는 시간을 제공한다. 그래서 여행의 꿈을 키울 수 있는 나는 마냥 행복하다.

사람들은 말한다. 왜 또 라오스냐고.
나는 그들에게 뭐라고 말해야 할까. '그냥 좋아서'라면 너무 식상한 대답이 될 것이고, 좀 더 그럴듯하게 포장을 하자면 라오스에서는 자연과 사람에 대한 향수를 느낄 수 있어서 좋다.

살다 보면 문득 아득한 옛날이 그리울 때가 있다. 지금 내가 사는 콘크리트 빌딩숲이 아닌, 더 인간적이고 자연적인 모습을 많이 가지고 있는 아날로그적 세상. 저녁 무렵이면 산골 가옥 굴뚝에 연기가 모락모락 피어나고, 들녘에서는 소들이 한가로이 풀을 뜯는다. 강가에서는 벌거벗은 아이들이 창피함도 모르고 신 나게 물장구친다. 시장에 소박한 좌판을 벌인 아주머니의 따뜻한 미소를, 젊은 처자는 수줍은 미소를 살포시 건넨다. 이 모든 것이 여행자의 마음을 사로잡는다. 책상 앞에 앉아 수많은 여행지를 떠올려 보면 라오스가 생각난다. 그리고 아지랑이처럼 마음속에 그리던 그림이 피어오른다.

담쟁이는 누가 키우지 않아도 절로 무성하고, 철쭉꽃은 외딴 동굴가에서 더 아름답게 피어난다고 하지 않던가. 세속적인 경제관념으로 바라보면 가난하고 낙후된 삶의 환경일지 모른다. 그러나 사람 사는 냄새가 물씬하고, 정이 넘친다. 라오스 사람들은 더하지도 빼지도 않은 꾸밈없는 본래의 모습으로 아름다운 노래를 부른다.

기교를 부리지 않은 자연은 또 어떠한가. 산은 산대로, 물은 물대로 본래 모습 그대로다. 사람들의 삶도 자연과 하나다. 굽이굽이 돌아가는 험준한 산길은 괴로워도 신 나고, 흙먼지 풀풀 날리는 흙길은 어릴 적 찾아가던 고향을 생각나게 한다. 우리는 아름답고 풍요로운 자연을 개발이라는 미명하에 질식 일보 직전까지 몰고 간다. 라오스의 자연은 순수한 빛을 잃지 않고 우리의 어리석은 노력이 창피한 것임을 깨닫게 한다.

라오스는 그렇게 아름다운 나라다.

이 책은 친절한 가이드북도, 감상적인 에세이도 아니다. 내가 만난 라오스의 자연, 사람들에 대한 느낌이다. 그러니 말하고 싶은 것도 자연스럽고 소박한 라오스의 본모습이다. 라오스의 자연스러운 모습을 책을 통해 그대로 드러내고 싶다. 원초적인 자연 법칙이 남아 있는 라오스. 그 속에서 그윽한 자유를 향유하고 있는 사람들을 아낌없이 보여주고 싶다.

세상은 변해도 여행의 본질은 변하지 않는다. 길에서 만난 세상, 사람, 그들이 일상에서 길어 올린 삶의 모습은 여행자들에게 언제나 의미 있게 다가온다. 그것이 아주 오래전 역사의 체취든 동시대를 사는 사람들의 생활이든 별로 중요하지 않다. 여행은 시간과 공간의 제약을 뛰어넘어 그 모든 것들과 조우한다.

나는 아직도 여행을 갈망한다.
여행은 다람쥐 쳇바퀴 돌듯 그저 그런 나날의 흐름에서 경건한 날로 나를 인도하기 때문이다. 여행은 천국의 낙원으로 갈 시간이 되었다고 부추기는 천사의 나팔 소리다.

2014년 12월 **오주환**

목 차

작가의 말 · · · · · · · · · · · · · · · · · · · 10
목차 · 12

비엔티안
Vientiane

우연한 인연이 만들어 낸 필연 · · · · · · · · · 18
× 라오스 Laos

청정무구한 자연과 사람들 · · · · · · · · · · · 24
× 라오스 사람들 Laos Peoples

잠시 걸음을 멈추고 쉬어 가는 곳 · · · · · · · 28
× 비엔티안 Vientiane

활기찬 도시의 아침 · · · · · · · · · · · · · · 34
× 탈랏사오 Talat Sao

불상박물관이 된 사원 · · · · · · · · · · · · · 42
× 왓 파캐우 Wat Pha Kaew

라오스의 상징 위대한 불탑 · · · · · · · · · · 50
× 탓루앙 That Luang

삼겹살과 샤브샤브의 만남 · · · · · · · · · · · 56
× 신닷 까오리 Sindath Kaoli

Inside Laos 무식하면 용감해진다 · · · · · · · 62

방비엥
Vang Vieng

자연! 그 순수한 아름다움에 매료되다 · · · · · · · · · · · · · · · 66
× 방비엥 Vang Vieng

동굴 세상으로 고고! · 74
× 탐장 Tham Jang

우연한 만남이 주는 행복 · 78
× 길 위의 인연 Relationship On The Road

튜브 타고 동굴 속으로 · 82
× 탐남 Tham Nam

거대한 자연 유수풀 쏭 강 · 88
× 카야킹 Kayaking

공중곡예 하듯 강으로 뛰어들다 · · · · · · · · · · · · · · · · · 94
× 스윙점프 Swing Jump

Inside Laos 카약 vs. 튜빙 · · · · · · · · · · · · · · · · · · · 100

루앙프라방
Luang Prabang

내 몸과 영혼을 위한 오아시스 · · · · · · · · · · · · · · · · · 104
× 루앙프라방 Luang Prabang

나눔으로 시작하는 하루 · · · · · · · · · · · · · · · 112
× 딱밧 Tak Bat

사원의 도시에서 경험하는 사원 순례 · · · · · · · 118
× 왓 시엥통 Wat Xieng Thong

신성한 불상 파방을 만나다 · · · · · · · · · · · 128
× 왕궁박물관 Ho Kham

타임캡슐을 간직한 작은 우주 · · · · · · · · · · 136
× 푸씨 Phu Si

강을 거슬러 부처의 나라에 오르다 · · · · · · · · 144
× 빡우동굴 Pak Ou Caves

오지에 감춰진 생명의 물길 · · · · · · · · · · · 152
× 꽝시폭포 Tat Kuang Si

사람이 꽃보다 아름답다 · · · · · · · · · · · · 162
× 순진무구한 꼬마들 Pure Kids

Inside Laos 볼 게 없다고? 도시 전체가 볼거리인데! · · · · · · 166

폰사반
Phonsavan

전쟁의 흔적과 신비로운 돌항아리 · · · · · · · · · 170
× 폰사반 Phonsavan

황무지에 전하는 돌의 전설 · · · · · · · · · · · 178
× 항아리 평원 Plain of Jars

잔인한 전쟁의 참혹한 현장 · · · · · · · · · · · 188
× 탐피우 Tham Piew

고산부족들의 새해 큰잔치 × 푸쿤 Phu Khun	192
Inside Laos 라오스의 불발탄 및 지뢰 제거 노력	200

싸야부리
Sayaboury

농사짓는 코끼리를 찾아가는 길 × 싸야부리 Sayaboury	204
중국 못지않은 음식 천국 × 재래시장 Traditional Market	214
Inside Laos 나 라오스 데릴사위 할래	220

에필로그
사람만이 희망이다 · · · · · · · · · · · · · · · · · 222

스페셜 챕터
라오스 좀 더 알기 · · · · · · · · · · · · · · · · · 228
라오스의 역사 · · · · · · · · · · · · · · · · · · · 231
라오스 여행하기 · · · · · · · · · · · · · · · · · · 232
라오스의 축제 · · · · · · · · · · · · · · · · · · · 235
라오스 전도 · 236

우연한 인연이
만들어 낸 필연

라오스
Laos

　모든 것이 빠르게 돌아가는 '패스트 라이프 Fast Life' 증후군이 만연하는 세상. 그 속에서 살아가는 나는 누구에게도 방해를 받지 않은 채 팔다리 쭉 뻗고 편하게 누워 쉴 수 있는 오두막을 언제나 동경해 왔다. 돗자리와 베개 하나만 있으면 그것으로 족한 오두막. 사람들과 웃으며 떠들고, 조촐한 음식을 나눠 먹을 수 있는 나만의 세상. 도시에서 사는 게 빡빡할수록 나만의 공간이 간절해진다.

　내 삶의 속도를 한 박자 늦추려 결심했을 때, 나만의 쉼표가 필요하다고 느꼈을 때 내 앞에 라오스가 나타났다. 인도차이나(베트남 · 캄보디아 · 라오스) 반도의 중앙부를 차지하는 이 나라는 느리게 여행하는 것을 좋아하는 여행자라면 누구라도 사랑할 수밖에 없는 여행지다. 길에서 만나는 아날로그적 풍경과 그 속에 보물처럼 숨어 있는 오래된 사원, 자연과 어우러지는 삶이 짙게 밴 사람들의 미소. 그것이 잊고 지내던 고향에 대한 기억을 되살아나게 한다. 무엇보다 느긋하게 시간의 흐름을 향유할 수 있는 곳이기에 삶의 속도를 천천히 하고자 하는, '슬로잉 다운 Slowing Down'을 추구하는 여행자들이 꿈꾸는 낙원이기도 하다.

라오스에 가 본 사람은 평생을 두고 그리워한다.

라오스의 정식 명칭은 라오인민민주공화국Lao People's Democratic Republic. 동쪽으로 베트남, 남쪽으로 캄보디아, 서쪽으로 태국, 북서쪽으로 미얀마, 북쪽으로 중국과 국경을 접하는 동남아 유일의 내륙국이다.

라오스와의 첫 인연은 우연하게 이뤄졌다. 대학을 졸업하고 마지막 배낭여행이라는 미명 아래 중국 횡단을 계획하고 길을 나섰다. 모든 관심은 중국에 쏠려 있었고, 라오스는 안중에도 없었다.

인천에서 배를 타고 톈진天津으로 들어갔다. 베이징北京에서 서쪽으로 뤄양洛陽, 시안西安까지 이동한 뒤, 다시 남쪽으로 창사長沙를 거쳐 친구가 사는 광저우廣州로 걸음을 옮겼다. 광저우를 베이스캠프 삼아 하이난도海南島, 구이린桂林 등 주변 도시를 돌아다니고 버스로 윈난云南성의 쿤밍昆明으로 달려갔다. 그런데 문제는 쿤밍에서 발생했다. 북쪽의 스촨四川성 청두成都에서 티베트西藏로 가는 게 본래 계획이었지만, 몇 달간 계속된 겨울철 중국 여행에 지쳐 있던 터라 따뜻한 남방이 그리웠다. 고심 끝에 티베트행 대신 방콕으로 행선지를 변경했다. 목적지를 정하고 지도를 꺼내 살펴보니 중국과 태국 사이에 라오스가 끼어 있었다. 이때 라오스라는 나라가 처음 눈에 들어왔다. 이것이 인연이 되어 어떤 나라인지, 문화는 어떤지, 유명한 여행지가 어디인지 전혀 알지 못한 채 쿤밍에서 비자를 받고 차로 유명한 푸얼普洱을 거쳐 라오스 북부의 국경 마을인 보텐Boten으로 넘어갔다.

아무런 정보를 가지고 있지 않은 무지한 여행자가 선택한 방법은 길에서 만난 여행자를 통해 정보를 얻고, 때로는 그들과 함께 이동을 하는 것이다. 사실 라오스 여행은 크게 기대하는 바가 없었다. 그저 태국으로 가기 위해 길을 빌린 정도라고 할까. 발을 들여놓고서야 깨달았다. 이 땅이 배낭여행을 하는 이들에게 무한 사랑을 받고 있음을. 상업화된 동남아시아의 관광지와 달리 여행의 가치를 일깨워 줄 마지막 남은 보석 같은 존재임을. 높은 산을 넘나들며 개발되지 않은 자연의 순수함을 눈에 담았고, 열악한 환경 속에 둥지를 틀고 있는 라오인들의 삶을 체험했다. 그리고 낯선 이 방인에게 경계보다는 수줍은 웃음을 보여 주는 사람들을 만났다.

우연한 방문이었지만 흙먼지를 폴폴 피워 가며 달리는 산길 도로가 마음에 들었고, 오염되지 않은 자연에 순응하며 살아가는 사람들의 친절함에 매료되었다. 그 인연이 참으로 예뻐 라오스는 내게 최고의 여행지가 되었고, 언제나 마음속으로 달려가고 싶은 장소가 되었다.

길을 걸으면 낯선 이방인에게 경계보다는
수줍은 웃음을 보여주는 사람들을 만난다.

청정무구한
자연과 사람들

라오스 사람들
Laos Peoples

    동남아시아 국가들 대부분이 경제적으로 부유하지 못하다. 그중에서도 라오스는 극빈국이라는 불명예스러운 타이틀을 가진 가난한 나라다. 1975년 공산 혁명의 성공으로 사회주의 국가가 되었지만, 공산주의 체제는 실패하여 경제는 악화되었다. 설상가상으로 미국과 태국의 경제봉쇄로 경제는 파탄 지경에 이르렀다. 1900년대에 소련이 해체되고 공산주의가 몰락하면서 부분적으로 경제의 자유화를 허용했으나 아직까지 외국의 원조에 많이 의존하는 상황이다.

    국가가 빈곤하고, 사람들의 삶이 가난하다고 그들을 폄하해서는 안 된다. 적어도 여행자에게는 선진국과 후진국, 부자 나라와 가난한 나라는 크게 다르지 않다. 저마다 역사, 문화, 자연의 특색을 가지고 있다. 어디를 어떻게 여행하든 나름의 매력을 발견하게 된다. 라오스를 여행하는 동안 느낀 소중한 기억은 가난 속에서 만난 라오인의 가슴이 따뜻하고 아름다웠다는 것이다. 특히 루앙프라방에서 라오인들의 신실한 불심을 보여준 딱밧, 가난한 이들과 함께 음식을 나누는 승려들의 자비로움은 어느 나라에서도 쉽게 보기 힘든 인상적인 모습이다. 크게 욕심을 부리지 않고 현실에 순응하며 행복하게 살아가는 이들 틈에서 잇속을 차리자고 툭툭이(삼륜차) 기사와 아옹다옹 흥정하는 것은 왠지 어울리지 않는다. 왜냐하면 내가 속한 환경, 소유한 물질만으로도 충분히 행복한 곳이 라오스이어서다.

　시간이 흐르고 세계 각국에서 여행자들이 몰려들면서 이 나라도 서서히 변하고 있는 것은 분명하다. 조용한 시골 마을에는 오래된 나무집이 사라지고 그 자리를 콘크리트 게스트하우스가 점령해 간다. 식당 메뉴판에는 온통 국적을 알 수 없는 음식들이 가득 채워져 있다. 거리에는 영어, 일본어 심지어는 한국어까지 외국어가 난무한다. 외형적으로 변해가지만 아직도 변하지 않는 것 중 하나가 사람들이다. 낯선 사람에게 경계심을 품기보다 웃음으로 맞아주는 사람들. 아이들은 거리낌 없이 다가와 동무가 되어 준다. 상인들은 여행자를 향해 적극적인 호객 행위를 하지 않는다. 참으로 호의적인 사람들이다. 도시의 외형은 변했을지언정 아직까지 사람들의 본성은 그대로다.

　2008년 미국의 시사주간지 《뉴스위크》가 선정한 '2008년도에 꼭 가 봐야 할 곳' 중 1위에 꼽히면서 라오스는 여행지로서 세계적인 지명도를 얻게 되었다. 한국에서는 인기 방송 프로그램에 소개되어 관심을 끌고 있다. 꼭 이런 이유가 아니더라도 배낭여행자들 사이에서 라오스는 유명한 존재가 된 지 오래다.

여행자들이 라오스에 모이고, 그곳을 좋아하는 이유는 간단하다. 디지털 세상에 살다 보면 아날로그 시대가 그리워지는 탓이다. 여행은 시간과 공간의 제약을 뛰어넘는다. 타임머신을 타고 시간을 거슬러 내가 살고 있는 땅의 과거로 되돌아갈 수는 없다. 그러나 우리는 여행을 통해서 옛 모습을 간직한 사람, 풍경을 부족하나마 만나게 된다. 길에서 만난 세상, 사람, 그들이 일상에서 길어 올린 삶의 의미는 시차를 둔 여행자에게 여전히 의미 있게 다가온다.

살다 보면 문득 끝없이 아득한 옛날이 그리울 때가 있다. 그럴 때면 수많은 여행지 중 가만히 라오스를 떠올린다. 포장되지 않은 흙길, 알몸으로 물속에 뛰어드는 아이들, 나무로 불을 피워 밥하는 아낙네 등. 그러면 안개같이 퍼지는 기억 속에서 실로 오염되지 않은 순수한 세상 속 풍경이 선향처럼 피어오른다.

나는 지금 라오스의 길을 걷는다. 그 길은 아주 오랜 옛날이나 지금이나 별다를 바 없는 모습이다. 배낭 하나 둘러메고 이 길을 걸을 때 행복하다. 누구의 간섭도 받지 않고, 마음이 원하는 곳으로 걷고 있는 나를 만날 때 마냥 기쁘다. 낯선 태양이 비추는 색다른 풍경이 전하는 설렘, 두려움 속에 전해지는 짜릿한 쾌감. 이것들은 한 걸음 옮길 때마다 내가 살아 있음을 느끼게 하는 소중한 존재다.

잠시 걸음을 멈추고
쉬어 가는 곳

비엔티안
Vientiane

베트남 호치민에서 출발한 비행기가 드디어 라오스의 수도 비엔티안 Vientidne에 내렸다. 공항에서 시내로 가는 길이나 시내에서 숙소를 구하기 위해 돌아다니며 본 비엔티안은 크게 변하지 않았다. 10년이면 강산도 변한다고 하는데, 이곳은 시간이 아주 천천히 흐르는 것 같다. 현대식 건물도 들어서고, 여행자를 위한 호텔과 게스트하우스가 많이 생기기는 했다. 거리에는 ATM도 쉽게 눈에 띈다. 그럼에도 재래시장의 시끌벅적함, 주택가의 한적함과 의외로 깨끗한 거리 분위기는 변함이 없다.

라오스는 정치적으로 사회주의 국가라는 폐쇄성이 존재하지만 여행자들에게 정치적 이념은 크게 문제가 되지 않는다. 오히려 이 때문에 라오스라는 나라가 예나 지금이나 큰 차이를 보이지 않으니 여행자에게는 오히려 고마운 일일지도 모른다. 변하지 않는다는 것이 좋은 것만을 의미하지는 않을 것이다. 나라가, 도시가 발전하지 않는다는 것은 퇴보를 의미하는 것이나 마찬가지이다. 그렇다면 라오스와 국민들에게는 슬픈 일이 될 것이다. 그럼에도 여행자의 마음 한 구석에는 비엔티안이 발전해 변모하는 모습이 걱정된다. 처음 본 모습 그대로 남아 언제까지나 나를 반겨주었으면 하는 욕심 때문이다. 세상의 여행지가 너무나 빠르게 변해가기에 이곳만큼은 변하지 않았으면, 아니 아주 천천히 변했으면 하는 것이 여행자의 바람이다.

파투사이 전망대에서 보는 비엔티안 전경

비엔티안은 옛 라오족 왕조 이래의 고도다. 1563년 세타티랏Setthathirath 왕이 루앙프라방에서 수도를 옮긴 이후 지금까지 라오스의 수도로 굳건히 자리를 지키고 있다. 과거에는 사원이 무려 80곳이나 되었다고 하나 지금은 20여 곳만이 남아 있다. 1827년 시암(현 태국)족에게 점령을 당해 파괴되었기 때문이다. 옛 영화는 많이 사라졌지만 아직도 왕궁, 사원, 탑 등이 남아 왕도다운 면모는 찾아볼 수 있다. 그중 정부 각료의 선서식을 거행하는 왓 씨사캣Wat Sisaket, 석가모니의 가슴뼈를 보존하고 있는 탓루앙That Luang, 고고박물관이 있는 왓 파캐우Wat Pha Kaew 등이 유명하다.

지금은 비엔티안이라고 불리지만, 이는 식민지 시절 프랑스인들이 붙인 이름이다. 라오스 사람들은 '위앙짠'이라고 부른다. 위앙짠은 '달이 걸린 땅'이라는 의미. 메콩 강 위를 지나는 달이 그 아름다움에 매료되어 잠시 걸음을 멈추고 쉬어 가는 곳이다. 참으로 예쁜 이름이다. 그래서인지 한 나라의 수도라 말하기에 비엔티안은 한적하고 운치가 있다.

비엔티안을 즐기는 제일 좋은 방법은 자전거를 타고 시내를 돌아보는 것이다. 도시가 크지 않아서 자전거로 여행하기에 충분하다. 이곳에서는 왠지 차를 타고 다니는 것이 어울리지 않는다. 라오스라는 나라가, 비엔티안이라고 하는 도시가 빠르게 움직이며 여행하는 곳이 아닌 탓이다. 시간의 흐름에 안달하지 않고 느리게 여유를 즐겨야 하는 여행지다. 빠름에 익숙한 사람들에게는 다소 버거울 수도 있겠다. 그렇지만 차를 타고 다니며 빠르게 여행하기에는 비엔티안의 명소가 너무 적고, 거리에는 눈을 현혹할 만한 화려한 쇼윈도도 찾아볼 수 없다.

자전거를 타고 돌면서 프랑스의 흔적이 짙게 밴 모습도 숨바꼭질하듯 찾아보고, 사람들의 삶을 더 가까이에서 접해 봐야 '비엔티안이 여행지로서 매력이 있구나.'라고 생각하게 된다.

더운 나라여서 자전거를 타고 다니는 일이 쉽지 않을 수도 있다. 이럴 때는 "딩디딩 디디~" 하는 음악을 울리며 지나가는 아이스크림 장수에게 시원한 아이스크림 하나를 사서 먹으면 된다. 노점상을 불러 군것질하는 것, 남녀노소를 막론하고 여행을 하면서 누릴 수 있는 특권 중 하나일 것이다. 특히 해 질 무렵, 강을 따라 늘어서 있는 가게에서 맥주 한 잔을 마시며 시원한 바람에 더위를 쫓고 붉게 물든 석양을 보는 것은 비엔티안에서 반드시 해야 하는 일이 되어 버렸다.

비엔티안 외곽에 위치한 부다파크.

사실 처음부터 비엔티안에 대한 인상이 좋았던 것은 아니다.

비엔티안에 처음으로 방문했을 때의 일이다. 무료함을 달래기 위해 자전거를 타고 골목 여기저기를 누비다가 우연히 한인교회를 발견하게 되었다. 마침 일요일이고, 막 예배가 끝난 시간이었다. 가이드북에 나와 있지 않은 정보나 라오스에 대한 한인들의 생각을 듣고 싶어 교회로 들어갔다. 목사님은 예배를 마치고 다른 곳으로 예배 인도를 가신 후였고, 교인들이 친절하게 맞아 주었다. 코이카(KOICA, 한국국제협력단) 단원으로 라오스에 봉사 활동을 온 친구를 만났다. 그가 해 준 이야기가 잊혀지지 않는다.

"여기 사람들은 참 모르겠어요."

"왜요? 사람들이 폐쇄적인가요? 아니면….'

"아니요. 사람들은 좋죠. 그런데 자기네가 못 살아서 다른 나라, 특히 일본에서 원조를 많이 받거든요. 문제는 너무 받는 것에 익숙해서 그런지 물자 소중한 줄을 모른다는 거예요. 관공서 창고에 가면 사용하지 않고 쌓아둔 프린터가 가득이에요. 왜 그런지 아세요?"

"고장 나서 버려둔 거 아닌가요?"

"고장 난 게 아니고 종이가 없어서 프린터를 사용할 수 없기 때문이에요. 컴퓨터도 조금만 이상하면 고칠 생각을 하지 않고 그냥 방치해 둔다니까요."

"설마, 그럴 리가 있겠어요."

"거짓말 같지만 사실이에요. 여기 공무원은 어차피 내년이면 다른 나라에서 또 가져다 줄 텐데 귀찮게 돈 들여서 고칠 필요가 있느냐는 거예요."

어디까지 믿어야 할지 모르는 이야기를 듣고 얼마나 황당했는지. 이 말이 진실인지 아닌지는 직접 확인하지 않았으니 알 수가 없다. 하지만 가난이라는 굴레를 짊어지고 있는 나라다 보니 그렇게 믿겨졌다. 사회주의 국가라는 이미지도 한몫했다. 그래서 비엔티안에서 느낀 라오스의 첫 인상은 참 무능력하고 게으르다는 것이었다.

활기찬 도시의 아침

탈랏사오
Talat Sao

밤새 에어컨과 씨름하다 더는 참지 못하고 새벽녘에 잠에서 깼다. 지난밤 더위를 식히기 위해 에어컨을 강하게 틀고 자는 통에 추위에 떨어야 했다. 잠깐 일어나 에어컨을 끄거나 온도를 높이면 될 것을, 그게 귀찮아 얇은 이불 하나만 둘둘 말고 비 맞은 강아지처럼 덜덜 떨었으니 참으로 미련하다. 한두 번 겪은 일이 아닌지라 '오늘밤에는 반드시 에어컨을 끄고 자야지.' 하면서 무덤덤하게 지나간다. 더운 나라를 여행해 본 경험이 있는 여행자라면 자는 동안 한 번쯤은 에어컨과 소리 없는 전쟁을 해 봤을 것이다.

늘 해가 중천에 뜨고 나서야 마지못해 일어났는데, 자의는 아니지만 이른 아침을 맞았다. 문제는 일찍 일어나도 딱히 할 일이 없다는 것이다. 그렇다고 다시 잠을 청하자니 쉽게 잠이 올 것 같지도 않다. 무엇을 할까 잠시 고민을 하다 아침 시내 구경도 할 겸 자전거를 타고 한 바퀴 돌기로 했다.

오염되지 않은 비엔티안의 아침 공기는 상상 이상으로 상쾌하다. 태양이 열기를 쏟아내기 시작하면 가슴이 턱 막힐 정도로 무더워지지만, 그 힘이 미치지 못하는 이른 아침의 공기는 폐부를 시원하게 정화해 준다. 자동차가 많지 않은 거리는 조용하다. 아침 6시가 조금 넘은 시간. 한국이라면 출근 준비를 하느라 정신이 없을 시간이다. 한꺼번에 쏟아져 나오는 자동차와 출근 인파로 지하철과 버스는 콩나물시루가 되고 만다. 하루를 힘겹게 시작하는 한국에 비해 비엔티안의 아침은 몹시 고요하다. 나는 지금 그 사이로 자전거를 타고 간다.

시장으로 향하는 발걸음이 몹시 분주하다.

아침 시간, 비엔티안에서 사람들로 제일 북적이는 곳은 단연 아침시장인 탈랏사오$^{Talat\ Sao}$다. 탈랏사오는 라오스의 큰 도시에는 모두 존재한다. 라오스어로 탈랏은 '아침', 사오는 '시장'이라는 의미다. 그러니 탈랏사오가 비엔티안만의 전유물은 아닌 셈이다. 그럼에도 비엔티안의 탈랏사오는 세계의 모든 여행 가이드북에서 '반드시 가 봐야 할 곳$^{Must\ See\ Spot}$'으로 추천하고 있는 장소다.

마핫솟 거리$^{Thanon\ Mahosot}$를 달려 도착한 시장은 활기가 넘친다. 이른 아침인데 무슨 사람이 이리 많은지. 입구는 툭툭이와 오토바이로 혼잡하다. 도시에 사는 사람은 다 모인 것 같다. 아침에 잠깐 열리고 마는 시장인 줄 알았는데 크기도 무척 크다. 오후까지 장이 열리지만 아침시장이라는 명성에 걸맞게 오전 6시에서 8시까지가 피크 타임이다.

시장 안은 좌판으로 가득하다. 신발과 잡화를 파는 좌판이 보이는가 싶더니 이내 채소, 과일을 파는 좌판이 빼곡하다. 그 사이를 걷고 있지만 걷는 게 아니다. 짐을 나르는 수레와 사람들에 밀려 그저 앞으로 나아갈 뿐이다. 신기한 것은 아무리 복잡하고 혼란스러워도 길을 비키라고 소리를 지르거나 재촉하지 않는다는 점이다. 묵묵히 행인들이 비켜서기를 기다린다. 상인들도 호객 행위를 하지 않고, 물건을 구입하는 이들도 흥정을 하지 않는다. 손님이 오면 맞이하고, 손님은 물건을 구입하면 가격이 적힌 대로 돈을 지불한다. 참으로 싱거운 거래 방식이다.

야채 좌판 뒤로는 생선 좌판이다. 바다가 없는 나라여서 파는 생선은 붕어, 잉어, 메기 같은 민물고기다. 간혹 몸체가 무지막지하게 큰 정체불명의 생선도 눈에 띈다. 생선 좌판 옆 건물 안에는 새빨간 조명이 빛나는 정육 코너가 있다. 부위별로 덩어리째 무게를 달아서 판매한다.

탈랏사오에는 좌판 말고도 기다란 건물 3동이 나란히 붙어 있다. 각 동에는 가게가 빼곡히 들어서 있다. 어느 곳에는 옥만 취급하는 가게가 쭉 늘어서 있고, 또 어떤 곳에는 꽃가게가 모여 있다. 가운데 건물에는 전자 제품과 일용 잡화를 파는 가게, 전통 복장의 옷감을 파는 가게 등이 있다. 이른 아침에는 문을 연 가게가 거의 없어 특별한 구경거리가 되지 못한다.

비엔티안의 아침시장은 우리네 재래시장과 무척 닮았다. 그래서인지 시골 장터를 돌아보는 듯한 기분을 만끽할 수 있었다. 역시 나라는 달라도 시장의 본질은 어디나 별반 다르지 않다. 시장에서 만나는 세상과 사람. 그 일상에서 길어 올린 삶의 모습은 어느 나라를 막론하고 모두 같다. 시장을 구경하다 보면 몇백 년 또는 몇십 년 전 옛 사람들의 체취가 전해진다. 그러면 시장에서 만나는 사람들은 더 이상 낯설지 않고 생경하지 않다. 이것이 여행지에서 시장을 꼭 들르는 이유다. 시장을 돌면서 느끼는 사실 하나는 '옛날'이란 언제나 살아 있는 '지금'이라는 것이다.

기왕 시장에 나선 길. 구태여 근사한 식당을 찾을 필요 없이 시장에서 아침을 해결하기로 했다. 메뉴는 국물 맛이 시원한 쌀국수. 아침에는 주로 바게트를 먹었는데, 시장 사람들이 국수를 먹는 모습이 어찌나 맛있어 보이는지. 그냥 지나칠 수가 없다. 그들 틈에서 같이 쌀국수를 먹자니 라오스 사람들이 더욱 친숙해진 느낌이다.

독립을 기념해 세운 파투사이

　　시장을 나와 자전거를 타고 거리를 달렸다. 대통령궁 앞으로 나 있는 란상 거리Thanon Lan Xang를 따라가니 도로 한가운데에 커다란 상징물이 서 있다. 멀리서 보니 규모나 생긴 모양이 프랑스 파리에 있는 개선문과 닮았다. 느닷없이 등장한 상징물의 이름은 파투사이Patuxdi, '승리의 탑'이라는 의미이다. 처음 봤을 때는 개선문과 매우 흡사해서 프랑스가 라오스 식민 통치 시절에 기념물로 세운 것인 줄 알았다. 그런데 정반대로 독립을 기념하는 탑이란다.

파투사이 천장의 모습

가까이 다가가서 보니 파투사이는 흉측하고 괴상하다. 멀리서 볼 때는 그럭저럭 볼 만하다고 생각했는데…. 몹시 실망스럽다. 외형은 개선문을 모방한 게 확실한데 벽면에 비슈누, 브라마 같은 힌두교 신들과 인도의 대서사시 《라마야나》에 등장하는 인물들의 조각을 가미했다. 프랑스식과 라오스식이 조화된 오리엔탈-바로크 양식의 건축물이라는데, 거창하게 건축 양식을 운운하는 것이 왠지 코미디처럼 보인다. 건축물의 격에 어울리지 않게 시멘트로 만든 것하며, 곳곳에 삐져나온 철근의 잔해들. 독립을 기념하는 상징물로 보기에는 너무 조잡하고 값어치가 없어 보인다.

아마 라오스 지도자들도 프랑스의 개선문보다 훨씬 더 훌륭한 기념물을 만들고 싶지 않았을까. 그러나 현실은 현실이었을 터. '만일 라오스가 부유한 국가였다면 정말 멋진 작품을 세웠을 텐데.' 하는 아쉬움도 든다.

파투사이는 안쪽의 계단을 통해 6층 전망대까지 올라갈 수 있다. 겉모습에 비해 내부는 훨씬 볼품없다. 그냥 콘크리트 건물 같다고나 할까. 분위기마저 을씨년스럽다. 3층과 4층에 기념품 숍이 있지만, 삭막한 분위기를 바꾸지는 못한다. 그나마 다행인 것은 전망대에 오르면 비엔티안의 전경이 한눈에 보인다는 점이다. 사방에 막힌 곳이 없어 동서남북 네 방향 어느 쪽으로도 시원한 그림이 펼쳐진다. 잔잔한 물결처럼 올망졸망한 건물이 이어져 있는 풍경 속에서 직선으로 곧게 뻗은 란상 거리며, 그 끝에 자리한 대통령궁이 유난히 돋보인다.

불상박물관이 된 사원

왓 파캐우
Wat Pha Kaew

비엔티안은 수도라는 거창한 이름을 가졌지만 볼거리가 많은 도시는 아니다. 몇몇 여행자들은 이곳을 일컬어 "라오스를 여행하기 위해 거치는 통로"라며 어쩔 수 없이 들른다고 말한다. 세계의 유명한 도시처럼 호기심을 자극하는 명소가 많지는 않다. 그래도 이 도시를 돌아다니면 정이 많은 라오스 사람들과 만나고, 그들의 삶을 목격하고, 역사의 숨결을 간직한 유적도 발견하게 된다. 분명한 것은 비엔티안 나름의 색깔과 매력이 존재한다는 것이다.

비엔티안을 색으로 표현한다면 금색 정도가 적당하지 않을까 싶다. 이유는 비엔티안이 '사원의 도시'이기 때문이다. 사람들의 왕래가 많은 대로변에도, 주택가의 작은 도로에도 어김없이 사원이 둥지를 틀고 있다. 사원 안에는 어김없이 금빛으로 반짝이는 건물이나 탑이 존재한다. 사람들의 생활 속에 깊숙하게 자리 잡은 사원을 이해하는 것이야말로 라오스를, 비엔티안을 알아가는 제일 빠른 방법이다.

비엔티안에서 선택한 사원 순례 코스는 주도로인 란상 거리와 탓루앙 거리Thanon That Luang를 따라가는 것이다. 이 길을 따라가면 비엔티안의 대표 사원인 왓 파캐우, 왓 씨사캣 등을 만나게 된다. 차우아누 거리Thanon Chao Anou에도 사원이 밀집해 있고, 시내 곳곳에 근래에 세운 사원도 많이 있지만 일일이 다 가 볼 수 없는 처지라 길도 편하고 찾기 쉬운 코스를 택했다.

사원 여행은 왓 파캐우에서 시작된다. 별다른 이유는 없다. 대통령궁 옆에 있어서 찾아가기 쉽다는 게 이유라면 이유일까. 경내에 들어서니 정원이 의외로 잘 다듬어져 있다. 사실 라오스 사원에서 정원을 만나기란 무척 어렵다. 아니 거의 없다고 해도 될 정도다. 왓 파캐우의 잘 손질된 정원은 이곳이 범상치 않은 곳임을 입증하는 증거인 셈이다. 정원 안으로 들어가니 지붕이 중첩된 건물이 눈길을 사로잡는다. 사원의 본당 건물인 씸Sim이다. 한국식으로 설명하자면 정면 5칸, 측면 9칸으로 된 대웅전인 셈이다.

씸은 건축 구조가 특이하다. 한국 전통 건축물이 기둥과 기둥 사이를 벽으로 연결하는데 반해, 여기는 기둥이 건물 외곽에서 지붕을 받치고 건물 벽은 기둥 사이에 복도를 두고 안쪽에 세워져 있다. 정면 기둥과 문 사이에는 양손을 들어 손바닥을 앞으로 향하게 뻗은 특이한 동작을 한 부처 입상 2기가 서 있다. 마치 '사원 안으로 사악한 기운을 가져 오지 마.' 또는 '악행을 쌓는 일을 그만 하세요.' 하며 제지하는 듯한 모습이다. 나중에 루앙프라방의 사원에서 만난 승려에게 들은 이야기로는 평화를 상징하는 불상이란다. 나라 간, 이웃 간, 친구 간에 싸움을 중지하라는 뜻을 내포하고 있는 것이다.

건물 뒤편에는 비를 기원하는 불상도 있다. 양팔을 내리고 서 있는 모습이다. 라오스에서는 무척 중요한 부처라고 한다. 산악 지형이 많은 라오스이기에 농사를 지으려면 무엇보다 가뭄에서 벗어나야 하기 때문이다. 유난히 팔이 기다란 불상은 팔이 길면 길수록 더 많은 기우제를 지낼 수 있다고 한다. 측면 기둥과 건물 벽 사이 복도에는 청동 불상 6기가 일정한 간격을 유지하며 놓여 있다.

불상을 구경하다 문득 궁금한 점이 생겼다. 아무리 사원이라고 해도 불상 수가 너무 많다는 것이다. 의문은 의외로 쉽게 풀렸다. 왓 파캐우가 지금은 불상을 전시하는 박물관으로 사용되기 때문이다. 그제야 이곳이 왜 라오스에서 가장 핵심인 사원인지 이해가 되었다. 많은 문화재를 전쟁과 내전으로 인해 소실했기에 변변한 박물관 하나 갖추지 못한 상황을 생각한다면 왓 파캐우가 비엔티안에서 어느 정도의 자리를 차지하고 있는지 쉽게 짐작이 간다.

실내는 어떻게 꾸몄을까 하는 궁금증이 들어 안으로 들어가려니 사진 촬영은 금지한다는 표시가 큼지막하게 붙어 있다. 아쉽지만 카메라는 잠시 꺼 두고 눈과 마음의 렌즈로 박물관 안과 불상을 천천히 촬영했다. 실내에는 라오스 스타일, 수코타이 양식을 한 크고 작은 청동불과 목불이 가지런히 늘어서 있다. 와불도 있고, 몸통을 초록빛 유리와 청동 옷으로 제작한 특이한 불상도 있다. 가장 눈에 띄는 불상은 나무로 만든 파방이다. 물론 진품이 아닌 모조품이다. 진짜 파방은 루앙프라방의 왕궁박물관에 전시되어 있다. 그래도 라오스에서 가장 신성시하는 불상이기에 자꾸만 시선이 머문다. 불상 이외에 왕가에서 사용하던 유물도 일부 전시하고 있어서 라오스의 역사를 만나는 장소로 손색이 없다.

왓 파캐우 벽면에 장식된
섬세한 조각이 눈길을 끈다.

사원에 자리한 불상들

햇살이 드리운 사원은 한없이 평화롭다.

왓 파캐우는 1565년 세타티랏 왕 때에 세워졌다. 시암의 치앙마이에서 빼앗아 온 에메랄드 불상을 모셔 두기 위해 왕실용 사원으로 창건했다. 그러나 1779년 불상을 되찾기 위해 침략해 온 시암족이 건물을 모두 불태우고 에메랄드 불상도 약탈해 갔다. 당시 에메랄드 불상과 함께 파방도 빼앗겼다. 다행히 파방은 라오스로 되돌아왔지만, 에메랄드 불상은 현재 태국의 왕실 사원인 왓 프라캐우 Grand Palace에 봉안되어 있다. 현재 사원은 1963년에 프랑스가 재건했다.

왓 파캐우에서 나와 길을 건너니 또 다른 사원이 나타난다. 사원 이름은 왓 씨사캣. 1818년에 세운 라오스에서 가장 오래된 사원이다. 시암이 침입했을 때 유일하게 불에 타지 않고 보존된 곳이기도 하다. 안으로 들어가니 놀랄 만한 것이 눈에 들어온다. 회랑에 불상이 놓여 있는 것이다. 불상 수는 120기. 그리 놀랄 만한 숫자는 아니다. 정작 놀라운 것은 불상 뒤 담에 벽감을 만들어 작은 불상을 두 기씩 넣어 둔 것이다. 이렇게 조성한 불상 수가 모두 6,840기나 된다. 이 어마어마한 불상의 숫자만으로도 왓 씨사캣이 라오스를 대표할 만한 사원임을 알 수 있다.

본당 중앙에는 커다란 금동불을 모셔 놓았고, 그 앞에 V형으로 수많은 불상이 자리한다. 천장과 벽면에는 석가모니의 일생에 관한 불교설화가 그려져 있다. 아쉬운 것은 왓 파캐우와 마찬가지로 본당 내부는 사진 촬영을 금하고 있다는 점이다. 여행자에게 사진만큼 자신의 추억을 깊이 남길 수 있는 자료가 없는데, 안타까운 마음이야 금할 수 없지만, 현실이 그렇다면 얼른 직시하고 그 안에서 최선의 방법을 찾아야 한다. 눈으로 본당의 내부 구석구석을 찍어 마음 한 편에 간직한다.

라오스의 상징
위대한 불탑

탓루앙
That Luang

　자전거를 타고 탓루앙That Luang으로 향한다. 탓루앙으로 가기 위해서는 란상 거리를 지나야 한다. 아침시장을 돌아볼 때 달린 길이라 익숙하다. 길은 널찍하고 차는 많지 않으니 가로수가 심어진 길을 하이킹하듯 여유롭게 달린다. 가는 길에 라오스에서 가장 오래된 탑이 있다고 해서 잠깐 들렀다.

　탓담That Dam이라는 이름의 탑은 탑이라고 할 수 없을 정도로 허름한 모습이다. 인도의 불탑과 형식이 같은 구조물인데, 벽돌은 부서져 흘러내리고 무너진 틈에서는 풀이 자라나고 있었다. 설상가상으로 온통 시멘트로 조잡하게 보수한 흔적이 보인다. 탓담이 처음부터 이런 모습은 아니었다. 원래는 금박으로 칠해 놓았는데 시암 침공 때 태국인들이 금을 벗겨 갔다고 한다. 소중하지 않은 탓인지, 제대로 보존할 여유가 없는 건지 알 수 없지만 상식 밖의 문화재 보존에 실망을 안고 탓루앙을 향해 자전거 페달을 밟는다.

탓루앙의 황금은 사원이 지닌 격을 나타낸다.

위대한 탑, 탓루앙.

란상 거리에서 파투사이를 지나 오른쪽으로 꺾어지면 탓루앙 거리가 나온다. 이 거리 끝자락에 탓루앙이 자리한다. 자전거로 잠깐 달리니 드디어 온통 금색으로 치장한 탓루앙이 눈에 들어온다. 라오스의 상징물로 국기 문양에도 들어가 있는 탓루앙은 햇빛 아래 반짝거린다. 그 광채가 '위대한 탑', '왕궁의 성스러운 탑'이라는 의미를 더욱 빛나게 하는 것만 같다. 탓루앙이 위대하고 성스러운 탑으로 숭앙받는 이유는 탑 안에 석가모니의 가슴뼈가 담겨 있고, 또 라오스 독립의 상징적인 의미가 담긴 국가 기념물이기 때문이다.

　금빛 사원을 보면서 라오스는 물론 동남아시아 국가들은 참 금을 좋아한다는 생각이 들었다. 태국을 여행할 때도 금칠한 사원을 많이 봤고, 라오스에서도 황금사원에 들렀었다. 단순히 화려하고 보기 좋아서 금칠을 한 건 아닐 것이다. 아마도 한국의 궁궐이나 절에 단청을 하는 것과 같은 이치일 것이라는 생각이 든다. 본래 단청이란 상하기 쉬운 목조 건물을 보호하는 실용적인 기능과 함께 각종 문양을 통해 잡귀를 막는 벽사의 역할, 또 길흉화복을 기원하는 역할 등 상징적인 의미를 담고 있다. 금칠을 하는 것도 같은 목적이었을 것이다. 옛날에는 궁전이나 법당의 권위를 나타내기 위해 일반 백성의 집에 단청하는 것을 법으로 금지했다. 이는 지배 세력의 건축물이나 국가적 차원의 의식, 종교 의례를 치르는 건물에 대해 일반 건물과 구분하고 엄숙함을 나타내기 위해 시작되었다. 탓루앙에 금칠이 되어 있다는 것은 그만큼 격이 높다는 증거일 것이다.

라오스를 상징하는 신성한 탑

탓루앙은 햇빛 아래 반짝거린다.
그 광채가 탑의 의미를 더욱 빛나게 하는 것만 같다.

세타티랏 왕의 동상을 지나 마주한 탑은 의외로 크다. 높은 담으로 둘러싸여 있음에도 외부에서 한눈에 알아볼 수 있는 것은 탑의 규모 때문이다. 중앙의 탑 높이가 무려 45m에 이른다. 인도에서 처음 만들어진 탑과 생김새가 닮았다. 중앙 탑은 다시 30기의 작은 탑으로 둘러싸여 있다. 탓루앙은 탑이면서 그 자체로 사원인 셈이다.

탑은 1566년 세타티랏 왕 때 세워졌다. 한때 시암의 침략으로 파괴되었던 것을 1935년 복원했다고 한다. 탑을 세운 후 주변에 4개의 사원을 세웠으나, 현재는 북쪽의 왓 탓루앙너아Wat That Luang Neua와 남쪽의 왓 탓루앙따이Wat That Luang Tai만 남아 있다.

사각 기단을 따라 탑을 도는 동안 꽃과 돈을 바치며 소원을 비는 신자들이 많이 목격된다. 과연 이들은 무엇을 위해 열심히 기도하는 걸까. 아마도 기도하는 목적은 하나일 것이다. 보다 더 편히 살고, 마음에 여유를 갖길 소원할 것이다. 늘 길을 제대로 찾지 못해 방황하는 우리지만, 사원에서라면 세속의 모든 얽매임에서 벗어날 수 있고 건강한 생명과 더불어 온갖 소원을 이룰 수 있다는 믿음을 꿈꾼다. 어쩌면 비엔티안에서 본, 아니 이 세상 모든 종류의 사원은 우리가 생각하고 계획하는 유토피아가 아닐까.

삼겹살과
샤브샤브의 만남

신닷 까오리
Sindath Kaoli

　오랜만에 영양 보충을 하기 위해 별미를 찾아 거리로 나선다. 특별히 먹고 싶은 음식이 있는 것은 아니다. 맛있는 음식으로 여행의 풍미를 더하고, 기력도 회복하기 위한 선택이다. 라오스를 여행하는 동안 음식 때문에 고생한 적은 별로 없다. 기본적으로 맵고 짠 편이고 마늘, 고추, 생강을 많이 사용해서 대부분 한국 사람의 입맛에 잘 맞는 편이다. 달거나 신맛이 나는 음식은 있지만 전통적인 라오스 요리에는 없는 맛이라서 다른 나라 요리로 간주된다. 쓴맛은 라오스 음식에서 감초 같은 역할을 하는 존재다. 이곳에는 '단맛은 어지럽게 만들고, 쓴맛이 좋은 것이다 Van pen lom, Khom pen ya'라는 말이 있을 정도로 쓴맛이 중요한 요소다.

　비엔티안에 머무는 동안 주로 먹은 음식은 라오스식 바게트 빠덱카우치, 볶음밥인 카우팟, 고기볶음 요리인 랍, 진한 국물 맛이 일품인 쌀국수 카오삐약, 파파야 샐러드 탐막홍 등이다. 탐막홍은 태국의 쏨탐과 같은 요리다. 파란 파파야를 채 썰어 젓갈, 레몬, 고추, 마늘 등을 넣고 찧어서 만든다. 매운맛, 신맛, 짠맛, 단맛, 쓴맛이 모두 난다. 식사할 때 탐막홍이 없으면 우리네 식탁에 김치가 빠진 것과 같은 허전함이 든다. 김치가 모든 음식과 잘 어울리듯, 탐막홍 역시 라오스 식탁에서 없어서는 안 되는 요리다.

　아무리 입맛에 맞더라도 매일 똑같은 음식을 반복해서 먹다 보니 새로운 무언가를 찾게 된다. 그래서 지금 라오 아메리칸 칼리지 Lao American College 부근으로 새로운 음식을 찾아가는 중이다. 이곳에 있는 한 식당이 라오스 음식도 아니고 한국 음식도 아닌 독특한 음식으로 유명하다고 한다.

ⓒ정재원

음식의 이름은 '신닷 까오리'. 이곳 사람들이 한국 음식으로 알고 즐겨 먹는다는 라오스 음식이다. 처음에는 '까오리'라는 단어가 라오스어로 '한국'을 뜻하기에 한국 음식일 것이라고 생각했다. 그런데 아무리 생각해 봐도 처음 듣는 생소한 말이다.

식당에 도착해서 자신 있게 신닷 까오리를 주문하니 고기 종류를 선택하란다. 메뉴를 보고 돼지고기, 쇠고기, 오징어를 시켰다. 이어 숯불이 들어오고 불고기 불판을 가져온다.

가운데 부분은 볼록하고 아랫부분은 오목하게 되어 있는 것이 영락없는 불고기판이다. '어, 신닷 까오리가 여기서는 불고기를 말하는 구나.' 하고 생각했다. 그러나 야채를 세 접시 가득 내오는 것을 보고 아니라는 결론을 내렸다. 과연 어떤 요리일까.

난생 처음 보는 음식을 앞에 두고 어찌하지 못해 망설이고 있는데, 종업원이 다가와 능숙하게 불판의 오목한 부분에 육수를 붓고 볼록한 윗부분에는 삼겹살과 쇠고기를 얹어 굽는다. 그리고는 야채는 육수에 담가 익혀 먹으라고 한다. 신기하다. 삼겹살 구이와 샤브샤브를 동시에 먹을 수 있는 시스템이다. 불판에서는 지글지글 삼겹살 익는 소리가 나서 입가에 군침이 돌게 한다. 끓는 육수에는 야채를 익혀 국물과 함께 먹는다. 불판을 따라 흘러내린 기름과 샤브샤브 육수가 묘한 조화를 이루어 환상적인 맛을 낸다. 느끼하지 않고 담백하고 깔끔하다. 재료가 다양하니 골라 먹는 재미도 쏠쏠하다. 누구의 아이디어인지, 라오스의 전통 음식이 맞는지 궁금증이 생겼다.

식당 주인에게 물으니 라오스 현지화된 한국 음식이란다. 이야긴즉 15여 년 전에 한국의 대우건설이 팍세Pakce 지역에서 와트타푸 댐을 건설할 때 현장에서 일하는 한국 노동자들이 먹기 시작해 유명해졌다는 것이다. 오랜 외국 생활로 몸과 마음이 지친 노동자들에게 한국 음식이 절실했을 터. 밥을 먹을 때는 늘 국물이 있어야 하고 힘든 일과 후에는 삼겹살에 소주 한 잔이 필요했을 것이다. 그래서 삼겹살과 샤브샤브라는 독특한 음식을 만들어 내지 않았을까.

　국적이 불분명하지만 신닷 까오리를 한국식 라오스 음식이라고 하는 게 맞을 것 같다. 배를 채우고 나니 무언가 제대로 먹었다는 생각이 든다. 이래서 한국 음식을 찾게 되는 걸까. 아무리 맛있는 외국 음식이라도 자주 먹으면 물리게 되고, 그럴 때마다 한국 음식이 간절해진다. 자꾸만 한국 음식이 생각나는 것을 보면 시간이 흐르면서 변하는 건 여행지만은 아닌가 보다. 나의 여행 스타일도 알게 모르게 많은 부분이 달라졌다. 20대, 혈기왕성한 시기에는 아무것도 거칠 것이 없었다. 2박 3일 걸리는 장거리 버스 여행도, 하루 종일 발품을 팔아 가며 구경을 다니는 일도 전혀 문제가 되지 않았다. 잠도 비바람 피해 내 몸 하나 누일 수 있는 침대 하나면 족했다. 음식도 마찬가지다. 6개월 이상 여행하면서 한국 음식을 입에 대지 않아도 상관없었다.

　그런데 40대에 가까워지면서 서서히 변화가 찾아왔다. '아니, 나는 변한 게 없어.' 하면서도 따뜻한 물로 샤워를 할 수 있고 시원한 에어컨이 있는 숙소를 찾게 된다. 걷는 시간보다 택시를 타고 이동하는 횟수가 점점 많아진다. 가장 큰 변화는 역시 음식이다. 여행 중에는 그 지역 음식을 먹자는 원칙이 무너진 것이다. 한국에 돌아가면 한국 음식은 얼마든지 먹을 수 있다는 생각이, 이제는 매콤하고 칼칼한 한국 음식을 먹지 않으면 여행을 지속하기 힘들다는 생각으로 바뀌었다.

　왜 이렇게 변했을까. 곰곰이 생각하다가 두 가지 결론을 얻었다. 첫째는 경제적 이유다. 학생일 때는 여행 경비가 넉넉할 수가 없었다. 방학 때마다 배낭여행을 하기 위해 한 학기 내내 경비를 마련한다고 해도 언제나 여행 기간에 비해 턱없이 모자랐다. 그러니 편하고 좋은 호텔보다는 저렴한 게스트하우스를 찾게 되고, 현지 식당보다 상대적으로 비싼 한국 식당은 저절로 외면하게 되었다. 그러다 30대가 넘어가고 상대적으로 경제적 여유를 갖게 되자 '한 번쯤이야 어때?' 하는 의식이 자리 잡게 되었다.

둘째는 몸이 예전 같지 않다는 거다. 흔히 '돌도 씹어 먹을 나이'라고 하지 않는가. 젊다는 것은 여행을 함에 있어 굉장한 특권이라고 생각한다. 할 수 있고, 즐길 수 있고, 도전할 수 있는 것이 훨씬 많다. 오늘 몸을 혹사했다고 해도 내일이면 언제 그랬냐는 듯이 무거운 배낭을 메고 길을 재촉할 수 있는 자들이 바로 젊은 여행자다. 30대 중반을 넘어서면서 체력이 예전만 못함을 절실하게 느낀다. 배는 나오고 운동부족으로 조금만 걸어도 숨이 차다. 여행이 얼마나 많은 체력을 요구하는지 알면서도 그냥 방치해 둔 잘못을 알지만, 나이는 속일 수 없다는 말로 애써 위로한다.

나 자신도 모르게 변해 버린 나. 그렇다고 실망은 하지 않는다. '여행에는 왕도가 없는 법'이다. 누구라도 자신의 상황과 처지에 맞는 여행을 하면 그뿐이다. 지금 나는 나에게 맞는 여행을 하는 중이다. 그리고 무엇보다 중요한 것은 예전이나 지금이나 배낭을 메고 낯선 거리를 돌아다니고 있다는 사실이다. 방법은 변했어도 여행을 하면서 살아있음을 느끼고 행복해 하는 것은 전혀 변하지 않았음을 누구보다 내 자신이 잘 안다.

Inside Laos

무식하면 용감해진다

비엔티안에서 여행자들은 곧잘 오토바이를 빌려 시내 구경을 한다.
능숙한 운전 솜씨를 지녔다면 별 문제가 없지만,
초보 운전자인 경우 신경이 쓰이는 게 한둘이 아니다.
시내 주행을 하면서 조심해야 할 것 중 하나가
차선 준수와 정지선 넘지 않기다.

주행 중 정지할 때 주행할 차선에 서지 않고 다른 차선에 서면,
알고 그랬건 모르고 그랬건 간에 경찰이 벌금 딱지를 뗀다.
빨간불일 때 정지선을 넘어 횡단보도나
그 앞으로 나아가 멈춰도 결과는 마찬가지.

오토바이 초보 운전인 경우 주행하는 것만으로도 벅차서
차선을 지키지 못하는 경우가 빈번하다. 한번은 직진을 해야 하는데,
차량에 밀려 오토바이가 우회전 차선으로 조금 밀려들어간 적이 있었다.

뒤에서 오던 차량이 우회전을 하기 위해 경적을 울리기에
오토바이를 직진 차량 앞으로 뺐다.
한국에서는 흔히 있는 일이라서 크게 신경 쓰지 않은 것이 사실이다.
그런데 어디선가 경찰이 호루라기를 불며 나타나
오토바이를 길가로 대라는 것이 아닌가.
그러면서 벌금을 부과하려는 자세다.
이유는 차선과 정지선을 어겼다는 것.

당황한 나머지 할 수 있는 거라곤
외국인이라는 사실을 강조하는 것뿐이었다.
뭐라고 해도 "What?", "I don't know."만 외칠 뿐
아무것도 모른다는 말만 되풀이했다.
결국 답답함을 견디다 못한 경찰은 포기하고 그냥 보내 줬다.

방비엥
Vang Vieng

배낭여행자들의 천국

자연, 그 순수한 아름다움에 매료되다

방비엥
Vang Vieng

　방비엥 Vang Vieng 으로 가는 길. 문득 자연의 존재에 대해 생각한다. 고대 그리스의 철학자 플라톤은 "모든 사물은 자연 또는 인간의 기술에 의해 창조되는데, 가장 위대하고 아름다운 것은 자연에서 창조되며, 가장 보잘것없고 불완전한 것은 인간의 기술로 만들어진다."고 말했다.

　여행을 하다 보면 저절로 자연이 얼마나 위대한 존재인지 경험하게 된다. 네팔에서 히말라야 트레킹을 할 때, 몽골 고비사막에서 잠시 머물 때. 자연이 만들어 낸 경이로움에 한동안 넋을 잃은 적이 있다. 시간이 흐르면 흐를수록 그 속에 세월의 무게를 담아 더욱 진중한 멋을 내는 자연은 우리에게 더없이 많은 풍요를 선물한다. 라오스를 여행하는 지금, 또다시 자연의 위대함에 감탄하며 감사의 마음을 전한다.

　이런 생각을 하게 되는 것은 방비엥이 여행자들에게는 자연이 선물한 최고의 낙원이기 때문이다. 라오스를 여행하는 이라면 누구나 들러야 하는 성지, 방비엥은 시간을 되돌려 놓은 듯 순수한 모습으로 우리에게 편안한 휴식을 제공한다.

아침 일찍 잠에서 깨 졸린 눈을 비비며 정신없이 배낭을 꾸린다. 고양이 세수로 겨우 눈곱만 떼어 내고 부랴부랴 버스 터미널로 달려간다. 부산하게 움직이는 와중에도 식당에 들러 바게트를 사는 것은 잊지 않는다. 아침 대용이기도 하고, 먹는 재미라도 없으면 버스 여행이 무척 지루해서다.

수도 비엔티안에서 방비엥까지는 약 4시간이 걸린다. 버스 터미널에서는 하루에 수차례 방비엥행 버스가 출발한다. 가급적이면 아침에 출발하는 버스를 타야 한다. 배낭여행자들이 워낙 많이 몰려드는 곳이라 오후 늦은 시간이 되면 마음에 드는 게스트하우스를 구하기 힘들다. 비엔티안에서 오전 8시 전후에 출발하는 버스를 타고 정오 무렵에 도착해야 숙소를 구하기 쉽다. 그런 다음에는 방비엥 여행사를 돌아다니며 다음날 일정에 대한 예약을 해야 시간을 절약할 수 있다. 여행 코스는 보통 동굴 탐험이나 쏭 강 Nam Song 에서 카야킹, 튜빙, 트레킹 등을 즐기는 일이다.

외국 여행자들은 여행 기간이 한국 여행자들보다 훨씬 길어서 방비엥에 오랫동안 머물며 자연이 선물하는 휴식을 마음껏 누리지만, 한국 여행자들은 그렇지 못하다. 대부분 2~3일 정도 머물다 이동하기 때문에 시간 안배를 잘해야 효과적으로 여행을 할 수 있다.

여행자를 기다리는 방비엥의 거리

　정신없이 도착한 터미널에서 방비엥으로 가는 버스를 타기 위해 사람들에게 "방비엥 가는 버스를 어디서 타나요?" 하고 물으니 고개만 갸웃거린다. 아무리 "방비엥" 하고 외쳐 보아도 알아듣지 못하겠다는 듯 멀뚱멀뚱 쳐다본다. 한참 후에야 방비엥행 버스를 찾았다. 아침부터 고생이 이만저만이 아니다. 도대체 사람들이 왜 내 말을 못 알아듣는 건지. 그 이유는 나중에 알게 되었다. 요즘에는 외국인이 많아서 '방비엥'이라고 해도 알아듣는 사람들이 더러 있지만, 대부분은 '왕위엥'이라고 해야 빨리 알아듣는다는 것을. 라오스에서는 'W' 발음을 'V'로 표기한다. 그래서 외국인들은 영어 표기대로 '방비엥'이라고 발음하지만, 실제 라오스 사람들은 '왕위엥'으로 말한다.

버스는 사람 반 짐 반이다. 이 사람들은 무슨 짐을 이렇게 많이 가지고 타는지. 머리 위 선반은 말할 것도 없고, 버스 통로에도 온통 짐으로 가득하다. 그렇다고 불평할 수도 없다. 모두가 똑같은 상황에서 이동을 해야 하니까. 이런 환경에 익숙하지 못한 여행자들이 더 불편하기는 하겠지만. 우리가 감수해야 할 불편은 아주 잠깐이다. 그저 라오스 여행이 주는 선물 중 하나라고 치면 그리 어려운 일도 아니다.

산길을 넘나들며 차창 밖으로 보이는 풍경에 불편함을 위로 받으며 가다 보면, 어느새 기묘한 석회암 절벽들이 도열하듯 늘어선 모습이 눈에 들어온다. 아무도 여기가 어디라고 말해 주지 않지만 방비엥에 근접해 있다는 것을 직감으로 느낀다.

방비엥은 우리말로 풀자면 '강촌'이라는 뜻이다. 강변의 작은 마을인 셈이다. 그렇기에 그곳에 다가갈수록 산수는 점점 중국 산수화를 보는 것 같다. 높지 않으면서 부드러운 곡선을 이루는 산세와 산허리를 휘돌아 흐르는 쏭 강의 풍경은 중국의 구이린을 닮았다. 그래서 방비엥은 '소구이린'이라는 별칭도 얻었다.

방비엥 버스 터미널에서 시내로 들어가는 거리는 무척이나 평온하다. 외부인이 잘 찾아오지 않는 시골길을 걷는 기분이랄까. 사람도 그리 많지 않은 길에서 배낭을 멘 여행자들이 자신의 목적지를 향해 열심히 걷는다. 나와 같은 목적으로 찾아왔을 동지를 만나니 절로 기분이 좋아진다.

마을에 도착하니 머릿속에 그리던 순수한 시골 마을과는 거리가 멀다. 도처에 무수한 게스트하우스와 바가 들어서 있다. 숙소 정하기도 쉽고 낯설지 않아서 반갑기는 한데, 어쩐지 이건 아니라는 생각이 든다. 처음부터 방비엥이 이런 모습은 아니었을 것이다. 작은 마을이 유명 관광지가 되면서 빠르게 본래 모습을 잃어가는 중이다. 안타깝게도 재래시장은 마을 외곽으로 쫓겨나고, 덩달아 현지인도 자신의 터전을 이방인에게 내주었다.

현지인이 떠난 자리에는 게스트하우스와 식당, 바 등이 들어서서 여행자를 기다린다. 마치 태국 방콕의 카오산 로드를 보는 것만 같다. 게으른 여행자들은 종일 바에 앉아 드라마나 최신 영화를 보거나 맥주로 더위를 식히며 소일하는 것을 낙으로 삼는다. 마치 이곳이 자신들의 낙원인 양 착각하면서.

여행자들은 종일 바에 앉아 하루를 보내기도 한다.

방비엥에서는 느긋하고 여유롭게 자연을 즐겨야 한다.

　아직까지 방비엥의 최대 볼거리는 자연이다. 사람들이 자연의 아름다움에 인위적인 기교를 가하기는 했지만, 자연이 발하는 순수한 빛을 가리기에는 역부족일 정도로 그 빛이 매우 풍요롭다. 쏭 강을 유유히 흐르는 물줄기와 수려하고 소박한 주변 자연은 그대로다. 특히 쏭 강을 가로지르는 대나무다리는 아슬아슬 위태로워 보이면서도 정이 느껴져 한 번쯤 걸어 보고 싶은 충동이 인다. 대나무다리는 마을과 마을을 잇는 중요한 수단인데, 다리를 건너려면 통행료를 지불해야 한다.

　대나무다리 밑으로 흐르는 강에서는 다양한 놀이가 펼쳐진다. 사람들이 지르는 즐거운 비명의 근원지는 바로 쏭 강이다. 카약을 타고 래프팅을 즐기는 사람, 커다란 튜브에 몸을 실은 채 유유히 떠내려오는 사람들로 가득하다. 너도나도 근사한 석회암 지형으로 둘러쳐진 강에 몸을 맡긴 채 황홀한 시간을 보낸다.

　시간도 멈춰 간다는 방비엥에서는 정말 급할 게 아무것도 없다. 마을 구경은 천천히 걸어도 충분히 할 수 있고, 강물에 맡긴 몸을 여유롭게 이동하며 하늘과 바람의 속삭임을 듣는다. 바에 앉아서도 라오 비어 한 병이면 몇 시간을 보내기에 충분하다. 방비엥만큼 게으름을 피우며 시간을 즐길 수 있는 여행지도 드물다. 그렇기에 전 세계의 여행자들이 몰려드는 게 아닌지. 다만 짧은 여행 기간에 쫓겨 여유롭게 머물지 못하는 마음이 안타까울 뿐이다.

동굴 세상으로 고고!

탐장
Tham Jang

생각보다 이른 아침에 눈이 떠졌다. 일찍 일어나도 할 일이 없는데 큰일이다. 식당 문도 열지 않아 아침을 먹을 수도 없다. 그렇다고 다시 잘 수도 없는 노릇이다. 옷을 주섬주섬 챙겨 입고 게스트하우스를 나왔다.

아침 공기가 의외로 상쾌하다. 무더위가 엄습해 오기 전의 아침을 만끽하고 싶어 길을 걷는다. 옅은 안개가 내려 앉아 거리의 분위기도 새롭다. 오가는 사람도 거의 없다. 사람들로 북적이던 낮보다 한결 여유롭다. 아무 생각 없이 한참을 걷다보니 방비엥리조트 앞이다.

라오스의 리조트는 어떨까 궁금했다. 안으로 들어가려니 입구에 매표소가 있다. 입장료를 내야 입장이 가능한 모양이다. 다행히도 이른 시간이라 매표소에는 아무도 없다. 당당하게 들어갔다.

리조트는 생각보다 훨씬 넓다. 리조트라기보다 유원지에 온 느낌이다. 시설은 그저 그렇다. 입장료를 내고 들어왔으면 화날 뻔 했다. 이왕 들어왔으니 구경이라도 하자는 마음으로 걸어 다니는데 탐장Tham Jang이라는 이정표가 시선을 끌었다. 방비엥에서 제일 유명한 동굴이다. 처음에는 탐장이 리조트 안에 있는 줄 몰랐다. 뜻밖의 행운을 잡은 셈이다.

탐장 입구에 서면 정글 같기도 하고, 숲 속의 마을 같기도 한 방비엥의 모습이 선경처럼 펼쳐진다.

붉은색 철다리, 풋 브리지

이정표를 따라 리조트를 가로질러 들어가니 작은 강이 흐르고, 그 위에 붉은색 철다리가 놓여 있다. 탐장으로 들어가는 첫째 관문이다. '풋 브리지'라 불리는 다리는 튼튼하게 보이는 외모와 달리 생각보다 많이 출렁거린다. 그래도 위험해 보이지 않아서 일부러 다리를 더 흔들면서 건너고 나니 이번에는 계단이 가로막는다. 경사가 약 70도인 데다 147계단을 올라야 탐장을 볼 수 있다니 정말 난감하다. 탐장도 입장료를 내야 하지만 역시 아무도 나와 있지 않아 그냥 패스.

계단을 오르는 게 생각보다 만만치 않다. 한번에 오르자고 다짐하고 한 단 한 단 오를수록 숨은 가빠지고 내려가고 싶은 마음만 든다. 낑낑거리며 힘겹게 계단을 오르고 나니 뜻하지 않은 멋진 선물이 기다리고 있었다. 동굴 입구에서 방비엥의 풍경이 한눈에 내려다보이는 게 아닌가. 방금 전 힘든 기억은 소리 없이 사라지고, 쏭 강을 따라 펼쳐진 평원과 옹기종기 모여 있는 집들의 평화로운 풍경에 감탄이 절로 난다. 눈을 어지럽히는 불필요한 존재가 없는, 단순하고 순수한 자연의 모습이 이처럼 아름다운 줄을 미처 몰랐다. 계단을 한 발 한 발 힘겹게 오른 보람이 느껴진다.

방비엥의 청정한 풍경을 보며 한 숨 돌리고 동굴 안으로 들어가려니 철문이 굳게 닫혀 있다. 이른 시간이라 입장료를 내지 않은 것은 좋았는데, 그 때문에 동굴 내부를 관람할 수 없게 되었다. 인간사 새옹지마라더니 모든 일이 다 좋을 수는 없는 모양이다.

아쉬움에 쉽게 발걸음이 떨어지지 않는다. 숙소에서 걸어온 시간도, 숨을 헐떡이며 오른 계단도 아깝다는 생각이 들어 동굴 입구의 전망대에 자리를 차지하고 앉았다. 칙칙한 동굴보다는 자연이 아름다운 방비엥을 바라보는 것이 훨씬 좋을거라며 스스로를 위안했다. 집보다 초록색 나무가 더 많고, 사람들도 그 속에 묻혀 잘 보이지 않는다. 그 사이로 한 줄기 강물이 조용히 흐른다. 마치 고도화된 문명 세계의 터널을 빠져나와 원시 자연을 마주한 SF 영화 속의 주인공처럼 눈앞에 놓인 풍경에 넋을 잃고 한참을 바라보았다.

수려하고 소박한 자연의 빛

우연한 만남이 주는 행복

길 위의 인연
Relationship On The Road

　방비엥에서의 하루는 느긋하다. 쏭 강에 나가 놀거나 인근 동굴을 찾아 구경하는 게 주된 일이다. 그도 싫다면 마음에 드는 카페나 레스토랑에 앉아 시원한 음료를 마시며 영화나 드라마를 보며 시간을 죽이면 된다. 무엇 하나 서두르지 않아도 되고, 하고 싶지 않은 일은 안 해도 된다. 마음이 동하는 대로, 몸이 움직이는 대로 행하면 된다.

　산책도 할 겸 동네구경도 할 겸해서 길을 나선다. 특별한 볼거리를 기대해서는 아니다. 시간은 남아돌고 카페에만 앉아 있기는 싫어서다. 그렇게 길을 걷고 있는데 학생 한 명이 다가오더니 다짜고짜 묻는다.

　"영어 할 줄 알아요?"

　"응. 왜?"

　소년은 반갑다며 어눌한 영어로 자신은 고등학생이라고 소개한다. 학교에서 배운 영어를 테스트하고 싶다는 거다. 그 친구와 10여 분 남짓 함께 걸었다. 소년은 가족사항, 미래의 꿈 등 자신의 이야기를 천천히 얘기했다.

　심심하지 않은 시간이었다. 특별한 경험이었으니 오히려 소년에게 감사했다. 그리고 내 고등학교 시절을 떠올려보니 소년이 얼마나 큰 용기를 낸 것인지 깨달았다. 고등학교 시절 영어 단어를 외우기 위해 등하굣길에도 단어장을 손에 들고 다녔지만, 정작 길에서 외국인이라도 보면 행여나 무엇이라도 물어볼까봐 눈도 마주치지 않고 도망치듯 걸어가기 일쑤였다. 언어에 대한 두려움, 외국인에 대한 편견이 앞선다면 행하기 힘든 일을 소년은 아무렇지도 않은 듯 해치운 것이다.

눈을 어지럽히지 않는 소박한 거리 풍경

여행길에서는 무수하게 많은 만남을 경험한다. 모두가 즐겁고 행복한 만남은 아니다. 때로는 유쾌하지 못한 만남도 있다. 호객행위를 해서 바가지를 씌우는 이들도 있고, 사기꾼도 있다. 그렇지만 대부분 반가운 사람들이다. 용건이 있거나 사교상 필요해서 만날 사람은 거의 없기 때문이다. 담배 한 대, 차 한 잔으로도 감사한 만남이다. 사람이 사는 곳에는 비환이 있고, 비환이 있는 곳에는 정이 존재한다. 비록 서로 알지 못하는 사이일지라도 정은 통한다. 잠깐의 만남이라도 서로 간에 애정은 생긴다.

라오스를 여행할 때 정을 떠나서는 속 빈 강정이 되기 쉽다. 아름다운 자연을 즐기고, 유구한 역사를 담고 있는 문화유산을 만나는 것도 좋다. 하지만 이곳에서만큼은 사람의 존재를 반드시 느껴야 한다. 그들이 사는 집이 볼품없다고, 입고 있는 옷이 허름하다고 무시하거나 외면하지 말자. 가난이라는 굴레가 그들에게 씌워져 있지만, 누구보다 따뜻하고 고운 마음씨를 지닌 사람들이다.

여행자가 뜬구름같이 지나간 뒤에도 라오스 사람들이 간직한 정은 그대로 남아 있을 것이다. 이들이 자신들의 터전에 뿌리내리고 있는 날까지 정은 지속될 것이다. 그러므로 라오스를 여행할 때는 사람이, 그네들의 정이 무엇보다 소중하고 중요하다.

튜브 타고
동굴 속으로

탐남
Tham Nam

동굴 탐험과 카야킹을 하기로 한 날. 하늘은 맑고 창문으로는 따스한 볕이 깃드니 기분 좋은 하루가 될 것 같은 예감이 든다. 방비엥에 도착한 뒤 곧바로 여행사에 가서 1일 투어를 예약했다. 순수한 자연의 품에 안기고 싶다는 소망이 간절했기 때문이다. 대부분 여행사에서 15달러 정도면 1일 투어가 가능하다.

투어의 핵심은 동굴 탐험과 카야킹이다. 방비엥은 석회암 지형이라 크고 작은 동굴을 품고 있는 절벽이 강변을 따라 이어져 있고, 쏭 강의 흐름에 몸을 맡기며 스릴을 만끽하는 카야킹과 튜빙 등 액티비티 프로그램이 활성화되어 있다. 이로 인해 예전에는 조용해서 찾던 작은 마을이지만, 지금은 다양한 즐거움으로 가득한 여행지가 되었다.

들뜬 마음으로 정신없이 준비물을 챙긴다. 하루 종일 물에서 놀아야 하니 제일 신경이 쓰이는 것은 복장이다. 보통 물놀이를 할 때면 간편한 반바지에 반팔 차림이지만, 반바지에 긴팔 티셔츠를 입었다. 잠깐이면 모를까, 온종일 물에 몸을 담그고 태양과 마주해야 하니 햇살에 팔이 검게 그을릴 것을 염려해서다. 또한 동굴에 들어가기 때문에 자칫 돌에 채기라도 하면 상처를 입기 쉽다. 얼굴에는 선크림을 듬뿍 바르고 모자까지 눌러 쓴다. 완전무장을 한 셈이다.

여행사에 도착한 시간은 오전 8시 30분. 함께 투어를 할 팀원들이 하나둘 모이고, 세계 각국에서 온 방랑자들은 서로 자신의 여행 이야기를 풀어놓는다. 그동안에 여행사 직원들은 카약을 트럭에 싣는다.

튜브와 줄에 의지한 채 어두컴컴한 동굴 속으로 들어간다.

오전 9시. 드디어 승차. 인원이 많아 좁은 좌석에 서로 엉덩이를 밀착하고 찰싹 붙어 앉아야 한다. 다소 불편하기는 해도 마음은 마냥 즐겁다. 투어 일행을 싣고 달리던 차는 한참을 달려 물가에 멈춰 섰다.

차에서 내린 일행은 물을 건너 흙길을 걸어 탐남Tham Nam에 당도했다.

"이번 동굴은 조금 특별해요. 아마 다른 나라에서는 경험하기 힘든 특별함이 기다리고 있을 테니 기대해도 좋아요."

가이드의 설명을 듣고 동굴에 가나보다 생각했다. 그런데 동굴 입구는 보이지 않고 계곡만 있다. 물 위에는 기다란 줄이 맞은편 절벽으로 이어져 있다. 자세히 보니 동굴 입구가 물에 잠겨 윗부분만 살짝 모습을 드러내고 있다. 설마 헤엄쳐서 들어가거나 줄을 잡고 물을 헤치며 가야 하는 건 아니겠지.

튜브를 이용한 동굴 탐험. 사소하지만 잊을 수 없는 추억이 된다.

잠시 후 가이드가 동굴에 들어가는 방법을 설명한다. 내용인즉 입구에 물이 차 있으니 튜브에 올라타서 머리 위에 매달린 줄을 잡아당기면서 천천히 진입하라는 것이다.

'튜브를 타고 동굴로 들어간다? 이건 좀 색다른 아이디어인걸.'

재미있을 것 같다. 원래 즐거움이란 거창한 것보다 이런 사소한 것에서 찾을 수 있는 것이 아니던가. 필리핀 팔라완의 지하강Under Ground River에는 배를 타고 들어갔고, 중국 구이린의 동굴에는 커다란 고무 대야를 타고 노를 저어 들어간 경험이 있다. 그런데 튜브를 타고 동굴에 들어가는 것은 처음이다.

탐남은 여름철 우기 때는 들어갈 수가 없다. 강물이 불어서 동굴 입구가 완전히 잠기기 때문이다. 가이드는 겨울철 건기에는 수량도 적당하고 물도 맑아서 동굴 탐험을 하기에는 제일 좋다며 우리더러 행운아라고 치켜세운다.

튜브를 하나씩 배정받고, 낡은 배터리를 목에 걸고 머리에 랜턴을 쓰는 것으로 입장 준비 끝. 가이드가 먼저 튜브에 올라타서 줄을 당기는 법을 보여 준다. 일행은 가이드를 따라서 순서대로 튜브에 몸을 맡긴 채 서서히 동굴로 들어갔다. 마치 미지의 세계를 개척하는 탐험대라도 된 느낌이다. 그런데 갑자기 줄과 물이 출렁거리며 튜브를 위협하는 것이 아닌가. 아찔한 순간이었다. 자칫 몸의 균형을 잃었다면 곧바로 물에 처박힐 뻔했다. 깜짝 놀라 뒤를 돌아보니 체구가 큰 서양 친구가 탄 튜브가 뒤집히며 물에 빠진 것이다. 몸집이 크다 보니 튜브를 탄 채 균형을 잡는 게 만만찮았던 모양이다. 자기 딴에는 물에 빠지지 않으려고 줄을 잡고 안간힘을 쓴 것 같은데 결과는 비참했다. 그 친구 덕분에 잠시 웃음바다가 되었다.

어느 정도 안정을 찾고 나니 줄에 의지하며 전진하는 게 어렵지 않다. 다만 줄 잡아당기랴 랜턴을 천장 여기저기 비춰 가며 동굴 구경하랴, 동시에 몇 가지 일을 해야 하니 번거롭다. '이런 식으로 동굴 깊숙한 곳까지 들어갔다 나오는구나.' 하고 생각하는데, 앞서 가는 사람들이 튜브에서 내리기 시작한다. 동굴 안으로 흐르는 강물의 수심이 낮은 곳에서는 걸어가야 하는 것이다. 그런데 튜브에서 내리니 처음부터 난코스다. 천장이 낮아서 허리를 바싹 숙이고 걸어야 한다. 손에는 커다란 튜브를 들고 있어 더욱 불편하다. 귀찮을 만도 하건만, 다들 재미있다는 듯 웃으며 누구는 뚱뚱해서 안 되겠다는 등 농담을 주고받는다.

가이드는 낮은 길을 앞서 가며 뒤를 향해 연신 "괜찮아요?" 하고 물어본다. 괜찮을 리가 만무하다. 본인이야 체격이 작으니까 큰 문제가 없겠지만, 나와 서양 친구들은 체격이 커서 여간 불편한 게 아니다. 허리를 좀 펴자니 머리가 천장에 닿고, 온몸을 웅크리고 걷자니 답답하고, 하여간 뜻하지 않게 유격 훈련을 받은 셈이다.

10분이나 걸었을까. 동굴 안 강물이 깊어지자 다시 튜브에 올라탔다. 이번에는 동굴에 줄이 매어져 있지 않다. 가이드는 뒷사람이 발로 앞사람의 튜브를 거는 방식으로 일행의 튜브를 모두 연결했다. 그리고 모두가 팔로 물을 저어 동굴 안으로 깊이 들어갔다.

튜브에 올라탄 채 천천히 동굴을 살펴보니 생각보다 볼 만한 것은 눈에 띄지 않는다. 처음에는 오랜 시간 사람의 눈을 피해 만들어졌을 종유석과 조우할 거라는 기대를 했건만, 어디에도 그 존재는 없었다. 물의 흐름에 다듬어진 동굴은 터널 같은 느낌이다. 표면은 물 때문인지 용의 비늘처럼 잘 다듬어져 있다. 간간이 천장에 맺힌 물방울이 빛을 받아 보석이 박힌 듯 영롱한 빛을 발한다. 나름 고생한 끝에 보게 되는 자연의 신비라 더욱 반갑다.

40여 분 정도 되는 동굴 탐험을 마치고 바깥세상으로 나온 일행은 탐남 탐험이 만족스러운 듯한 표정이다. 사실 동굴 자체는 그리 대단하다고 할 정도는 아니다. 오히려 삼척 환선굴이나 울진 성류굴이 훨씬 격이 높다. 그럼에도 탐남이 이채로운 것은 입구가 강으로 막혀 있다는 점과 튜브를 타고 드나드는 아이디어 때문이다. 튜브! 어떤 이의 발상인지 몰라도 탐남의 매력을 200% 이상 끌어올린 일등 공신임에는 틀림없다.

거대한 자연 유수풀 쏭 강

카야킹
Kayaking

방비엥에서 즐기는 하루하루는 참으로 여유롭다. 배낭을 메고 걷는 낯선 길 풍경도 두려움보다는 편안함이 더하고, 사람들 입가에 피어난 미소는 오래된 친구처럼 정겹다. 산세는 아기자기하고 물길은 한없이 부드러우니 이 얼마나 평화로운가.

순수함을 잃지 않은 자연에서 하루를 보내는 날. 오전에 동굴 탐험을 마치고 오후에는 쏭 강의 물살을 가르는 카야킹에 도전한다. 사실 동굴 탐험이라는 말에 기대를 했지만, 결과는 '탐험'이 과장된 표현이라는 것. 탐남에 들어갈 때 튜브를 타는 것 말고는 탐험이라고 할 만한 것도 없다.

어떻든 카야킹은 동굴 탐험보다는 훨씬 액티브한 레포츠라서 기대가 된다. 카야킹을 하기 전 여행사에서 준비한 점심으로 끼니를 해결했다. 도시락이라서 별 기대를 하지 않았는데, 볶음밥에 닭꼬치, 바게트로 나온 점심은 양도 충분하고 맛도 좋다. 보통 여행사 투어를 이용하면 편하고 좋지만 식사로 인해 기분을 망치는 경우가 종종 발생한다. 그런데 방비엥 1일 투어에서 먹은 점심은 최고였다.

맛있는 점심으로 기분이 한껏 고조된 일행은 적극적으로 카야킹을 위한 준비를 했다. 제일 먼저 간단한 노 젓기 강습이 진행된다. 강습 내용이라고 해봤자 노를 잡는 법, 젓는 법과 함께 주의 사항을 몇 가지 일러주는 것이 전부다. 만일 왼쪽으로 가고 싶으면 한

카야킹은 쏭 강에서의 하루를 행복하게 하는 여행 아이템이다.

사람은 노를 왼쪽으로 내리고 다른 한 사람이 오른쪽을 저으면 된다. 카약이 흔들린다고 절대 불안해하면 안 된다. 불안해지면 노를 젓지 말고 다리를 앞으로 쭉 뻗고 뒤로 누우면 된다. 동요해서 버둥거리게 되면 무게 중심이 변해서 카약이 더 요동치게 된다.

강의가 끝나고 함께 카약을 탈 팀을 정한다. 보통 카야킹은 2인 1조를 이룬다. 가이드는 여자 일행과 한 팀을 이루고, 남자들은 카야킹 경험이 있는 사람과 없는 사람이 한 조를 이룬다. 내 파트너는 체코에서 온 안드레이. 키도 크고 얼굴도 잘생긴 친구다. 영어를 유창하게 구사하는 데다, 영어에 능하지 않은 동행을 위해 천천히 또박또박 발음해주는 배려까지 잊지 않는다. 팀을 이루어서 하는 레포츠는 파트너가 중요하다. 그런 면에서 본다면 안드레이는 최고의 짝꿍이다.

쏭 강의 물살을 가르며 하나-둘 하나-둘

안드레이는 영어를 캐나다 여자 친구에게서 배웠다고 한다. 여자 친구가 체코에 여행 왔을 때 만나서 사귀었는데, 지금은 가슴 아프게도 여자 친구가 캐나다에 있어서 함께 여행을 하지 못하는 상황이다. 여행을 마치고 체코에 돌아가면 열심히 일을 해서 캐나다로 여자 친구를 만나러 간다고 하기에 행운을 빌어주었다.

팀이 정해지고 본격적인 래프팅에 나선다. 시작은 어디나 그렇듯 물살이 약해 노를 저어 내려가야 한다. 겨울철은 건기라서 수량이 적다. 물살도 그리 세지 않다. 위험하지 않다는 말이 될 수도 있지만, 반대로 생각하면 스릴이 없다는 말이기도 하다.

거센 물살을 만나고 싶은 나와 안드레이는 시작부터 힘껏 노를 저었다. 처음이라 그런지 생각보다 카약 위에서 균형을 잡는 게 쉽지 않다. 물에 빠질 뻔한 아슬아슬한 위기가 몇 차례 있었다. 힘주어 노를 젓느라 몸이 한쪽으로 쏠려서 빠질 뻔하고, 서로 호흡이 맞지 않아서 카약이 뒤집어질 뻔도 했다. 그래도 카약은 생각보다 안정적이다. 기우뚱거리기는 해도 뒤집어져 물에 빠지는 사람은 없다. 이내 안정을 되찾고 유유히 물살을 가른다.

카약이 석회암 지형이 빚어낸 절경 속으로 들어갈수록 아름다운 전원 풍경이 펼쳐진다. 봉긋하게 솟아오른 산은 날카롭지도 위협적이지도 않다. 아기자기하고 부드러운 산세는 쏭 강과 조화를 이뤄 그야말로 한 폭의 산수화다. 여행자는 그림 속 한 점이 되어 거대한 자연의 일부가 되는 느낌이다.

문제는 한참이 지나도 짜릿함을 만끽할 급류가 나타나지 않는다는 데 있다. 계속 반복되는 풍경에 대한 감동도 점차 줄어든다. 다른 팀과 경주하듯 노를 젓는 것도 재미없다. 기대가 서서히 무너져 내린다. 이런 마음을 알아챘을까. 가이드가 물싸움을 시작한다. 그러자 서로 질세라 패들로, 손으로 다른 사람에게 물을 뿌린다. 잠깐 동안이지만 물싸움을 통해 유쾌한 시간도 보내고 일행들 간의 사이도 한결 가까워진 느낌이다. 밋밋한 카야킹에 재미를 주기 위한 가이드의 노력이 가상하다.

결국 카야킹을 하는 동안 급류다운 물살을 만날 수는 없었다. 쏭 강은 라오스의 분위기를 담아서인지 조용하고 얌전하다. 가슴이 얼어붙는 긴장감은 없지만 대신 최대한의 평온을 누릴 수 있는 시간이다. 천천히 흐르는 쏭 강의 물살을 따라 느긋하게 주변 풍광을 즐기는 시간. 강에 기대어 사는 사람들의 투망질하는 모습, 한가로이 풀을 뜯는 소떼, 논 가운데 자리한 작은 집 등. 우리네 시골 풍경과 무척 닮은 모습에 마음이 평화로워진다. 급류의 스릴은 없지만 자연에 몸을 맡기고, 그 속에서 평화와 안정을 찾는 시간이다.

방비엥에서 즐기는 하루하루는 참으로 여유롭다.
무엇을 하든, 하지 않든, 그것은 오로지 내 자유다.

공중곡예 하듯
강으로 뛰어들다

스윙점프
Swing Jump

　기대와는 달리 카야킹은 지루하다. 그렇다고 강에서 보내는 4시간이 전혀 재미가 없는 것은 아니다. 카약을 타고 내려오면 중간에 즐거움을 제공하는 요소들이 배치되어 있다. 한국에서 래프팅을 하면 중간에 물에 빠져 물놀이를 하는 것 외에는 출발해서 끝날 때까지 줄곧 배를 타고 내려오지만, 방비엥에는 카야킹 코스 중간에 바가 마련되어 있다. 일종의 휴게소인 셈이다. 누구라도 잠시 쉬고 싶으면 배에서 내려 맥주도 마시고 음악에 맞춰 춤을 추면서 자유 시간을 맘껏 누릴 수 있다.

　바에 들러야 하는 이유는 무엇보다 스윙점프를 할 수 있기 때문이다. 스윙점프는 강변에 망루 같은 다이빙대를 설치하고, 나무로 타워를 세워 줄을 연결한 시설이다. 타잔처럼 줄을 잡고 뛰어내린 후 앞뒤로 두 차례 정도 왔다 갔다 한 뒤 공중에서 강으로 멋지게 다이빙하면 된다. 몇 년 전 등장해 젊은 여행자들에게 가장 큰 인기를 끌고 있는 놀이다.

　우리 일행도 바에서 잠시 쉬어 가기로 했다. 카약을 강변에 대려고 접근하는데, 웬 남자가 기다란 대나무를 들고 서 있는 게 아닌가. '뭐지? 여기서 낚시라도 하나?' 하고 생각했다. 그런데 그게 아니다. 가만히 보니 물고기를 낚는 게 아니라 사람을 낚는다. 튜빙을 하는 사람들이 손짓을 하면 대나무로 튜브를 끌어당겨 자기네 바에서 쉬어 가게 하는 것이다. 어떤 곳에서는 긴 줄에 페트병을 묶어 손짓하는 이에게 던져 준다. 그럼 튜빙을 하는 사람은 줄을 잡고 졸졸 끌려가면 끝. 간혹 줄을 잡지 못하고 떠내려가는 사람들도 발생한다. 그래도 걱정할 것은 없다. 밑에 있는 다른 바로 가면 되니까.

쏭 강의 최고 인기, 스윙점프

바는 휴게소 같은 분위기가 아니다. 나이트클럽을 방불케 하는 광란의 도가니다. 시끄러운 음악이 흘러나오고 맥주를 손에 든 채 열심히 몸을 흔들어 대는 여행자들로 가득하다. 이 곳에서는 마음을 열면 누구하고도 곧 친구가 된다. 사해는 동도라고 하지 않던가. 아무런 이해관계가 얽혀 있지 않고, 오직 여행을 사랑하는 이들만 모였으니 어색함을 버리면 금방 동화할 수 있다.

잘생긴 안드레이는 순식간에 아가씨들과 어울려 맥주를 마시며 이야기를 주고받는다. 그리고 나를 불러 소개해 준다. 젊고 잘생겼다는 건 어디에서나, 어느 나라 여자에게나 잘 통하는 무기라는 것을 새삼 느꼈다. 독일에서 왔다는 여자들은 말레이반도를 거쳐 인도네시아로 넘어간 뒤 육로로 인도네시아를 횡단하고 다시 호주로 가서 여행을 마친 후 집으로 간다고 한다. 이들의 여행 이야기를 들으면서 어찌나 부럽던지.

한참 여행 이야기에 빠져 있는데, 안드레이가 스윙점프에 도전하겠다고 나선다. 카야킹이 재미없으니 이런 놀이를 그냥 지나칠 수는 없나 보다. 사다리를 성큼성큼 올라 자신 있게 다

엄마야! 생각보다 너무 높다.

이빙대에 올라선 안드레이는 별로 주저하는 기색도 없이 서커스 공중곡예를 하듯 줄을 잡고 몸을 날린다. 그러더니 멋지게 물로 떨어진다. 보기보다 무서워서 생각보다 많은 사람이 뛰어내리지 못하고 포기한다는데 안드레이가 쉽게 하는 걸 보니 괜한 소리인 듯싶다. 물에서 나온 안드레이는 다시 다이빙대에 오르더니 연거푸 세 번이나 점프를 했다. 그러더니 나도 해 보라며 자꾸 등을 떠민다. 함께 있던 독일 친구들도 환호성을 지르며 부추긴다. 난 원래 높은데 올라가는 것을 싫어하는데, 아니 무서워하는데 큰일 났다.

"괜찮아. 재미있어. 그런데 떨어질 때 다리를 꼭 모아. 그렇게 하지 않으면 무지 아파."

분위기에 내몰려 어쩔 수 없이 다이빙대에 오른다. 막상 오르고 나니 아래에서 보는 것보다 훨씬 높고 무섭다. 높이는 인간이 가장 공포심을 느낀다는 11m. 군인 시절 받은 유격 훈련을 다시 받는 것만 같다. 발밑으로 흐르는 파란 강이 아찔하게 보인다. 줄을 잡았지만 발이 쉽게 떨어지지 않는다. 그렇다고 남자 체면에 그냥 내려갈 수도 없는 노릇이다. 심호흡을 크게 하고 힘껏 점프를 했다.

줄을 잡고 발을 다이빙대에서 띄우는 순간, 강물은 강력하게 나를 잡아당긴다. 신 나게 내려가던 줄은 다시 되돌아온다. 바이킹처럼 왔다 갔다 반복하는 것. 다시 앞으로 나아가다 정점에 도달했을 때 줄을 놓고 물로 뛰어들어야 하건만, 무척 용감한 나는 줄을 계속 붙잡고 있었다. 그네처럼 앞뒤로 왔다 갔다 여러 차례 반복한 후에야 겨우 입수에 성공했다. 안드레이와 독일 친구들은 박수를 보내 주었지만 제대로 하지 못했다는 생각이 들어 창피했다. 결국 내 발걸음은 다시 다이빙대로 향했고, 처음보다는 훨씬 여유롭게 점프를 했다. 무엇이든 처음이 어렵지 한번 경험하고 나면 수월해지는 법이다. 스윙점프도 마찬가지다. 처음에는 두렵던 마음이 두 번 세 번 반복되면서 점차 재미로 바뀌게 된다.

스윙점프는 짜릿한 쾌감과 스릴을 선물한다. 카야킹에서 기대했던 것을 경험하지 못해 아쉬웠는데 스윙점프를 통해 보상받은 기분이다. 맑은 하늘 아래에서 강물을 따라 유람한 4시간은 기분 좋은 하루를 만들어 주었다. 오염되지 않은 아름다운 자연에 흥미진진한 액티비티가 더해졌기에 방비엥이 배낭여행자들에게 가장 사랑받는 여행지가 된 것이 아닌가 싶다.

비록 하루라는 짧은 시간에 경험한 방비엥이지만, 그 추억은 언제나 가슴에 남아 있을 것이다. 그리고 흘러가 버린 시간이 선물한 추억을 되새기며 또 다른 추억을 만들기 위해 여행길에 나설 것이다. 시간이 지나면 언젠가는 방비엥도 변하겠지. 하지만 분명한 것은 방비엥이 변해도 여행자는 언제나 찾아올 거라는 사실이다.

Inside Laos

카약 vs. 튜빙

방비엥에만 가면 늘 카약을 탈까, 튜빙을 할까 고민을 하게 된다.
마치 중국집에 가서 자장면을 먹을까, 짬뽕을 먹을까 고민하는 것과
같은 이치다. 그렇다고 오늘은 카약을 타고 내일은 튜빙을 한다?
이럴 수는 없는 노릇이다.

이유인즉 연속으로 두 가지를 하며 쏭 강에서 하루를 보내는 게
지루하기 때문이다. 카약은 급류가 없어서 재미가 없지만,
패들을 저어 속도를 마음대로 조절할 수 있으니 심심하지 않다.
게다가 가고 싶은 곳으로 마음대로 갈 수 있으니 훨씬 자유롭다.
반면에 너무 열심히 카약에만 열중하다 보면 쏭 강 카야킹은
1시간도 되지 않아 끝나게 된다.

튜빙은 하루 종일 강에서 시간을 보낼 수 있다는 장점이 있다.
강변에서 사람들이 튜브에 몸을 싣고 천천히 떠내려가는
모습을 보고 있노라면 부럽기까지 하다. 하지만 정작 튜빙을 해 보면
보통 지루한 게 아니다. 튜브가 마음대로 가지도 않고,
성격이 급한 사람이라면 분명 짜증이 날 것이다.

그래도 카약이나 튜빙, 둘 중 어떤 것을 해도 아름다운 방비엥의 자연을
만끽할 수 있다는 사실은 분명하다. 카약을 타고 가다 보면
튜브에 몸을 실은 사람이 부럽고, 튜빙을 하다 보면
신 나게 패들을 젓는 카약을 하고 싶고…. 하여간 배낭여행자의 낙원인
방비엥에서는 카약이냐, 튜빙이냐 하는 행복한 고민을 하게 된다.

루앙프라방
Luang Prabang

지친 영혼을 위한 안식처

내 몸과 영혼을 위한 오아시스

루앙프라방
Luang Prabang

루앙프라방Luang Prabang은 지친 영혼을 위한 비타민 같은 여행지다. '신성한 불상의 도시', '고대 란상왕국의 수도', '유네스코 지정 세계유산' 등 이 도시를 표현하는 수식어는 수없이 많다. 하지만 메콩 강과 높다란 산들이 펼쳐내는 산세와 그 안에 어울려 사는 순박한 사람들, 마치 세월의 흐름이 비켜간 듯 문명의 이기와는 거리를 둔 루앙프라방만의 색깔을 표현하기에는 부족함이 많다.

여행자들 사이에서 동남아시아의 마지막 보석이라 불리는 루앙프라방. 이곳으로 가기 위해 언제까지나 머무르고 싶기만 한 방비엥을 떠나 북쪽으로 길을 나선다.

방비엥에서 루앙프라방까지는 차로 8시간. 여행길에서 8시간이라는 이동시간은 그리 긴 여정이 아니다. 그럼에도 방비엥에서 루앙프라방까지 가는 8시간은 결코 만만한 시간이 아니다. 금방이라도 멈춰 설 것만 같은 오래된 버스를 타고 험준한 북부 고산지대를 넘나들어야 하기 때문에 시간이 가져다주는 부담은 몇 배나 크게 작용한다.

그나마 위안이 되는 것은 라오스의 풍경이다. 차창 밖으로 펼쳐지는 풍경은 마치 과거로 시간여행이라도 떠나온 듯 정이 간다. 산마루를 넘어서면서 만나는 작은 마을, 인공의 흔적을 찾아볼 수 없을 만큼 원시 모습을 그대로 간직한 자연. 이 풍경들이 나그네의 마음을 한없이 너그럽고 평온하게 만드는 마력을 지닌 탓이다.

여행자는 시간이 멈춰 버린 듯한 풍경 속 길을 걸으며
자신의 시간을 맘껏 향유한다.

낡은 차로 험한 산길을 달려야 해서 루앙프라방으로 가는 여정 중에는 크고 작은 사건 사고가 일어난다. 능력의 한계에 다다른 버스가 하얀 연기를 뿜어내며 서는가 하면, 타이어에 펑크가 나서 새로 갈아 끼우는 상황이 곧잘 연출된다. 그래서 길을 달리다 보면 길가의 제단 앞에 차를 세워 놓은 채 향에 불을 붙이고 기도하는 사람들을 보게 된다. 처음에는 차가 고장 나서 세워 둔 것인 줄 알았다.

'아니 이 사람들 길가다 말고 뭐하는 거야?' 하며 의아해하고 있는데, 옆에 동승한 아저씨가 친절하게 설명해 준다.

"안전하게 갈 수 있도록 기도하는 거예요."

지방마다 따로 수호신이 있고 불교가 국교인 나라답게 크고 작은 일에도 부처님의 가호를 빈다고 한다. 개방의 물결 속에서도 순수함을 잃지 않는 비결 역시 이승의 현실보다는 신에 의지하는 불심에서 나오는 건 아닐까.

칸 강 Nam Khan과 메콩 강의 합류점에 위치한 루앙프라방은 라오스의 역사가 고스란히 담긴 고대도시다. 1353년 라오스 최초의 통일왕국인 란상왕국이 건국 이래 18세기까지 라오스의 수도였다. 1563년 비엔티안으로 수도를 옮기면서 제2의 도시가 되었지만, 아직도 라오스 사람들에게는 역사, 문화, 불교의 중심지로 여겨진다.

루앙프라방이라는 이름은 '위대한 불상의 도시'라는 뜻이다. 본래 지명은 황금의 도시라는 뜻을 가진 '시엥통'이었다고 한다. 그러다 파방이라는 황금불상이 전해지면서 루앙프라방으로 변했다.

도시는 황금빛 사원으로 가득 차 있다. 산업화, 현대화의 물결을 비켜간 듯 옛 모습이 온전하게 남아 있다. 도시 전체가 박물관이라고 해도 과언이 아닐 정도다. 이 때문에 유네스코는 1995년에 이곳을 세계문화유산에 등재하였다.

조용한 고대 왕조의 도시를 제대로 여행하기 위해서는 튼튼한 두 다리가 필요하다. 뚜벅이 여행자의 천국이기 때문이다. 빠름을 추구하는 여행은 이곳에서 소용이 없다. 없는 정도가 아니라 마치 죄악처럼 느껴진다. 대중교통으로 이용할 차도 있고 오토바이도 있지만, 이들에 의지하지 않아도 충분히 루앙프라방의 매력을 만끽할 수 있다. 한 발 한 발 옮길 때마다 라오스 특유의 건물과 프랑스 지배 기간에 만들어진 건축물이 다가오고, 길모퉁이로 돌아서면 유구한 역사를 자랑하는 사원이 나타난다. 길에서 만나는 모든 것이 다 훌륭한 문화유산이니 구태여 문명의 이기를 이용해 스쳐 지나듯 구경하는 것은 어울리지 않는다. 시간에 쫓기지 않고 느긋하게 즐기는 것. 이것이 루앙프라방에서 여행자가 할 일이다.

게으른 여행자가 루앙프라방에서 보내는 시간은 매우 단순하다. 매일 지겨울 정도로 늦잠을 자는 일은 기본. 메콩 강변의 켐콩 거리 Thanon Khem Khong나 여행자를 위한 식당과 게스트하우스가 밀집해 있는 씨싸왕웡 거리 Thanon Sisavangvong에 매일 출근 도장을 찍는다.

이유인즉 무더위를 피해 시원한 그늘을 찾아 쉬기 위함이 첫째요, 햇살이 쨍한 오후에 카페테라스에서 거리 풍경을 바라보기 위함이 둘째다. 아무것도 하지 않는다. 무심히 바라볼 뿐이다. 웬만하면 그냥 그대로, 시간이 가는 대로, 내 몸과 마음이 원하는 대로 내버려 둔다.

여행 중에 만끽하는 이러한 게으름은 휴식의 한 형태이자, 세상에서 잠시 물러났다가 다시 돌아가야 하는 나그네가 갖는 슬기로움이기도 하다. 멍하니 앉아 사색하기, 한가로이 거닐기는 한국에서는 좀처럼 할 수 없는 것. 사람들이 별로 중요하게 여기지 않는 사소한 것들인지도 모른다. 하지만 이 거리에서만큼은 사소한 행동이 소중하게 여겨진다. 이 순간은 내가 살아 있음을 자각하고 행복을 느낄 수 있는 시간이다. 그래서 나는 이 거리를 일컬어 '게으른 여행자의 거리'라고 말한다.

새벽녘 루앙프라방의 거리

게으른 여행자의 거리에서 빼놓을 수 없는 즐거움은 식욕을 자극하는 라오스 음식을 먹는 일이다. 잘 꾸며진 레스토랑보다는 노점에서 군것질하는 일이 다반사다. 자주 찾는 단골음식은 달면서도 부드러운 과일셰이크와 그린파파야 샐러드인 탐막홍이다. 탐막홍은 태국을 여행하면서 신물이 나도록 먹은 음식이기도 하다. 파파야를 가늘게 채 썰어서 생선 젓갈, 매운 고추를 넣어 절구에 넣고 으깨 만드는 탐막홍은 우리네 무생채와 비슷하다. 매우면서도 시큼하고 생선 비린내가 느껴져서 느끼한 음식과 함께 먹으면 별미 중의 별미다. 늘 찾는 노점의 아주머니는 낯선 이방인이 즐겨 먹는 게 신기한지 언제나 양이 넘치도록 담아 준다. 아마도 탐막홍이 담긴 봉지 안에는 넉넉한 라오스의 정도 담겼으리라. 하지만 사양하고 싶은 게 있으니 바로 미원이다. 아마도 동남아시아를 여행한 경험이 있는 이라면 알 수 있을 터. 이들은 음식의 맛이 미원에서 나온다고 해도 과언이 아닐 만큼 미원을 듬뿍 넣는다.

시간은 그저 느긋하게 즐길 뿐. 이곳에서는 빠른 여행이 필요하지 않다.

루앙프라방의 거리에선 유럽풍 건물을 어렵지 않게 찾을 수 있다.

    강변에 앉아 메콩 강에 기대어 사는 라오스 사람들을 보는 것도 커다란 즐거움이다. 그물을 던지며 물고기를 잡는 사람, 재산목록 1호인 배를 정성껏 세차(?)하는 사람, 강 건너 혹은 위아래 마을로 분주하게 움직이는 사람들. 모두 강가에서 빠지지 않는 풍경이다. 뭐니 뭐니 해도 시선을 끄는 것은 물놀이하는 아이들이다. 변변한 놀이시설도 없거니와 한낮의 찌는 더위를 피하기에는 강이 제격이다. 수영복이 있을 리 만무한 아이들은 옷을 입은 채 강물에 뛰어들거나 창피한 줄도 모르고 아예 알몸으로 물놀이를 즐긴다.
    아이들의 모습이 사뭇 행복하게 보여 카메라를 들고 가까이 다가간다. 낯선 사람의 출현에도 아이들은 두려워하기보다는 신기해하고 친구가 되고 싶어 한다. 서로 자기를 찍어 달라며 아우성친다. 모르는 사람을 조심하라고 배우는 한국 아이들에게서는 볼 수 없는 모습이다. 비록 물질이 풍부하지 못하고 삶의 환경이 불편할지는 몰라도 이들이 가진 행복한 미소만큼은 한국의 아이들보다 몇 배는 밝지 않을까 하는 생각이 든다.

나눔으로 시작하는 하루

딱밧
Tak Bat

해가 뜨기 전인 이른 새벽. 눈이 떠져 창을 여니 아청빛 푸른 하늘이 눈에 감돈다. 방비엥에서 루앙프라방까지 오느라 쌓인 여행의 노고가 씻은 듯 걷히고 맑고 서늘한 기운이 가슴으로 스며든다.

부산하게 외출 준비를 마치고 길을 재촉한다. 살갗에 와 닿는 바람이 상쾌하다. 해가 오르기 전이지만 사위는 사물을 분간할 수 있을 만큼 환하다. 주위는 아직 고요하다. 새벽에 부지런을 떠는 것은 루앙프라방의 상징인 딱밧을 보기 위해서다. 딱밧이란 승려들이 음식을 공양 받는 것이다. 우리말로는 '탁발'이라 부른다. 딱밧은 불교에서 출가 수행자들에게 엄격하게 적용하는 규율이다. 출가하면 어떠한 생산 활동도 할 수 없다. 매일 아침 딱밧을 통해서 욕심을 비우고 가진 것을 나누도록 훈련한다. 그럼으로써 오로지 수행에 집중하는 것이다.

루앙프라방의 하루는 딱밧으로 시작된다. 보통 오전 6시에서 7시 사이에 행해진다. 스님들은 각각의 사원을 출발해 정해진 구역을 한 바퀴 돈다. 그러니 딱밧을 보려면 사원 근처로 가면 된다. 대개의 여행자들은 게으른 여행자의 거리에 위치한 왓 쌘 Wat Sden 근처로 향한다. 이곳이 여행자가 딱밧을 체험하기에 적합한 장소이기 때문이다.

루앙프라방의 상징이 된 탁발

매일 아침 딱밧을 통해 욕심을 비우고 가진 것을 나눈다.
딱밧의 진수는 음식을 공양하는 게 아닌 나누는 것에 있다.

오전 6시가 채 되기도 전인데, 길가에는 무릎을 꿇고 승려들이 지나가기를 기다리는 사람들로 가득하다. '이게 뭐라고 꼭 두새벽에 이 난리들이야?' 할 수도 있지만, 라오스 사람들은 딱밧으로 공덕을 쌓아야 건강하고 복을 받는다고 믿는다. 공양을 하려는 사람들은 저마다 작은 통을 귀하게 놓아두고 있다. '통의 정체는 무엇일까?' 알고 보니 스님들에게 공양할 소중한 음식을 담은 그릇이다. 공양물은 밥이나 과일이 주를 이룬다. 이외에도 돈이나 과자, 사탕을 공양하기도 한다. 서양 친구들 중에는 간혹 빵을 내놓는 이들도 있다.

딱밧은 원하는 사람이라면 누구라도 참여할 수 있다. 간혹 서양인들도 눈에 띄지만 태국에서 온 여행객들이 대다수다. 공양할 음식을 준비하지 못했다고 안타까워할 필요도 없다. 공양에 쓸 음식을 파는 가게가 좌판을 벌여 놓고 손님을 기다린다. 마음만 먹으면 1만 킵^{Kip}(라오스 화폐단위, 한화 약 1천 4백 원) 가량으로 과일바구니나 밥통을 사서 의식에 동참할 수 있다.

딱밧 공양을 하고 싶다면 유념해야 할 것이 있다. 남들보다 일찍 나와서 자리를 잡아야 한다. 좋은 길목은 태국 등지의 불교국가에서 온 단체 관광객이 금방 점령을 해 버린다. 방석을 반드시 지참해야 한다. '절할 것도 아닌데 방석은 왜?' 하고 의구심이 들지도 모르겠다. 이유는 딱밧이 끝날 때까지 길바닥에 무릎을 꿇고 앉아 있어야 하니 불편해서다. 더운 나라기는 해도 새벽의 길바닥은 금세 한기가 전해진다.

오전 6시가 지나면 딱밧 행렬이 시작된다. 오렌지색 승복을 입은 스님 수백 명의 행렬이 꼬리에 꼬리를 물고 이어진다. 공양 의식은 간단하다. 스님이 내 앞을 지날 때 합장하며 음식을 조금씩 떼어 밥통에 넣어 주면 된다. 주의할 것은 생각보다 스님의 걸음이 빨라서 타이밍을 맞추기 힘들다는 점이다.

공양 받은 음식이 스님의 하루 식량이 된다. 스님들의 음식 통은 생각보다 빨리 찬다. 크기도 작거니와 공양하는 사람이 많아서다. 차고 넘쳐서 처치 곤란인 상황에 직면한다. '저 음식을 다 가져가서 먹을 수나 있나?' 하는 걱정을 하는 순간, 딱밧 행사의 진수가 눈앞에 펼쳐진다.

딱밧의 진수는 음식을 공양하는 데 있는 것이 아니라 나눔에 있다. 거대한 스님들의 행렬 옆에는 늘 아이들이 기다리고 있다. 이른 새벽에 바구니를 들고 거리로 나온 아이들은 하루하루 끼니 걱정을 해야 하는 가난한 친구들이다. 스님들은 자신이 공양 받은 음식을 푸짐하게 나눠 준다. 걸식한 음식을 중생에게 아낌없이 베풀어야 보시하는 사람들의 정성을 헛되이 하지 않는다는 믿음에서다.

딱밧 행렬을 보면서 가난에 대해 생각한다. 불교에서는 마음이 가난하다는 생각조차도 내던져 버리는 적빈이라야 참된 해탈이라고 한다. 송곳 꽂을 땅 조각도 없고, 꽂을 송곳조차 없고, 송곳이 없다는 생각마저도 들지 않는 경지에 도달해야 한다는데. 이런 절대 가난이 절대 자유를 누릴 수 있는 필수 조건이라지만, 평범한 이들에게 절대 자유란 괴로운 일이 될 수밖에 없다.

새벽 시간 승려들이 공양을 시작할 때, 초라하고 가난한 땅에서 힘겹게 살아가는 이들의 하루도 열린다. 양에 넘치도록 음식을 시주 받은 승려는 하루 끼니를 걱정하는 아이들에게 자신의 것을 나눠 준다. 아이들에게는 선한 눈과 부드러운 미소가 사라지지 않도록 최선을 다해 오늘을 살라는 격려가 필요함을 알기 때문이다. 그리고 서로 나누는 딱밧 의식 속에 부처의 미소가 전해 주는 투명한 소망이 담겨 있음을. 내일은 오늘과 다르리라.

신심은 멀리 있지 않다.

언제나 그들의 삶 속에 깊이 내재되어 있다.

사원의 도시에서 경험하는 사원 순례

왓 시엥통
Wat Xieng Thong

  딱밧을 보며 느낀 감동이 쉬이 가시지 않는다. 종교적 의식이기는 하지만 그 안에 담긴 사람들의 정을 통한 교류가 큰 탓이다.

  새벽부터 부지런을 떤 탓에 이른 아침을 먹고 루앙프라방의 사원 순례에 나선다. '사원의 도시'라는 이름에 걸맞게 시내 곳곳에 사원이 들어서 있다. 길모퉁이를 돌면 마주치는 게 사원이요, 승려라고 해도 과언이 아니다.

  제일 먼저 라오스에서 가장 아름다운 사원이라 불리는 왓 시엥통 Wat Xieng Thong으로 향한다. 씨싸왕웡 거리를 따라 북쪽으로 걸으면 싹카린 거리 Thanon Sakkarin와 만나는데, 사원은 이 거리 끝부분에 있다. 툭툭이를 타도 되지만, 너무 가까운 거리라 그냥 걷는 편이 좋다. 걸으면서 주변을 둘러보는 재미가 쏠쏠하다. 걷기가 부담스럽다면 오토바이를 대여하기보다는 자전거를 빌려서 구경하는 것을 추천하고 싶다. 여유롭게 둘러보기에는 자전거가 훨씬 수월하다.

  해가 모습을 드러내니 오전부터 찌는 듯한 더위가 기승을 부린다. 그늘을 찾아 최대한 태양을 피해보려 하지만 쉽지 않다. 이 나라에서는 시원한 장소에서 유유자적하게 시간이 흘러가는 것을 즐겨야 함을 새삼 느낀다. 하지만 작정하고 나선 길이니 포기할 수도 없는 노릇이다.

루앙프라방은 도시 전체가 세계문화유산이다.

왓 시엥통 사원의 모습

왓 시엥통으로 가는 길에 작은 사원 하나가 눈에 들어온다. 사원의 이름은 왓 쌘. 딱히 특이할 만한 것이 눈에 띄지는 않는다. 건물은 태국 사원에서 자주 본 양식이다. 그냥 '사원이 다 그렇지, 뭐.' 하며 구경하는데, 사원 한편 나무 밑에서 스님들이 수업을 하고 있다. 수업 내용은 알 수 없지만, 큰 스님이 말씀을 전하시고 꼬마 승려들은 경청을 한다.

'더운데 공부가 될까?', '학교를 가지 않고 사원에서 생활하는데 불교경전 말고 영어, 수학 같은 학교 수업도 받기는 할까?'

온갖 궁금증이 머릿속에 떠오른다. 수업을 방해하면서까지 질문을 할 용기는 나지 않는다. 잠시 바라보다가 경내를 어슬렁거린다. 이번에는 롱 보트 두 척이 눈에 띈다. '사원에 웬 보트?', '승려들도 보트놀이를 하나?' 또 궁금해진다. 이번에는 궁금증을 참지 못하고 지나가는 승려를 붙잡고 물어본다. 승려 왈 "가을에 열리는 루앙프라방 보트 경주 대회에 사용한 보트"라고 한다.

가을 보트 경주라면 분 옥판싸Bun Ódk Phānsǎ를 말하는 건가. 매년 10월경에 열리는 축제로 승려들이 3개월 동안 지속해 온 안거가 끝나는 것을 기념하는 행사다. 보트 경주 대회가 열리는 기간에는 온 시내가 축제 열기로 가득하다고 한다.

롱 보트 이야기 말고 승려가 가르쳐 준 보너스 하나. 쌘이란 10만 킵을 의미하는 것이라고 한다. 이름을 이렇게 지은 이유는 사원을 짓기 위해 신자들에게 10만 킵(한화 약 1만 4천 원)씩 봉헌 받았기 때문이다.

사원을 나와 왓 시엥통을 향해 걷는다. 길에는 지나가는 사람도 거의 없다. 가끔 툭툭이가 지날 뿐. 조용해도 너무 조용하다. 고요하고 낯선 거리를 먼 곳에서 온 이방인만이 활보한다. 잠시 동안 거리에서 고독을 만끽하다 보니 어느새 왓 시엥통이다.

한국에서는 절 경내에 들려면 으리으리한 일주문을 통과하고, 두 눈을 부릅뜬 사천왕상을 지나야 한다. 루앙프라방에서는 사원에 들어가기 전까지 사원을 알리는 표식을 구경할 수가 없다. 그저 크고 우아한 건물의 지붕을 보고 '저곳이 사원이겠구나.' 하고 짐작할 뿐이다.

왓 시엥통의 명성치고는 입구가 초라하다. 사원의 도시에서도 격이 가장 높은 곳이건만 고작 낮은 철문이 전부다. 입구가 보잘 것 없다고 모든 것이 하찮은 법은 아니다. 일단 역사가 사원의 품격을 말해 준다. 1559년에 사원을 처음 조성한 사람은 세타티랏 왕이다. 이후 1975년까지 왕실의 후원을 받았으니 왓 시엥통의 자부심은 말하지 않아도 짐작할 수 있을 것이다.

정문 앞에 황금색으로 빛나는 건물이 눈길을 끈다. 홍껩미엔Hong Kep Mien이라는 곳인데, 왕실 영구차를 보관한 곳이다. 란상왕국 때 씨싸왕웡Sidsdvdngvong 왕의 운구를 운반했다는 장례용 마차가 보관되어 있다. 길이가 무려 12m에 달한다. 마차에는 머리가 일곱 개인 나가(인도 신화에 나오는 뱀)를 장식해 놓았다.

경내에 한 발 더 들어서자 단연 돋보이는 것은 지붕이 중첩되며 낮게 깔려 우아한 자태를 뽐내는 건물이다. 라오스 고전 건축 양식으로 지은 건물은 씸이라 불리는데, 한국 사찰의 대웅전 격이다. 씸의 건물 외벽은 금빛 모자이크로 장식해 놓아 햇빛에 반짝거린다. 모자이크 내용은 라오스 사람들의 일상을 주제로 하고 있다. 그림으로 그리면 편할 것을 왜 모자이크로 꾸몄는지는 알 수 없다. 분명한 사실은 이방인에게는 그림보다 모자이크가 훨씬 이채롭고 매력적이라는 것이다.

신기함에 매료되어 건물을 돌며 모자이크 벽화를 감상하다 뒤쪽 벽면에 다다를 즈음, 갑자기 여행팀 한 무리가 들이닥쳤다. 이들은 먼저 뒷벽 앞을 차지하고, 가이드는 일행을 향해 무엇인가를 열심히 설명하기 시작한다. 졸지에 길이 막혀 그냥 멈춰 서서 가이드의 설명을 훔쳐 들었다.

뒤쪽 벽면에는 커다란 나무와 함께 그 아래 호랑이와 소 두 마리가 그려져 있다. 가이드의 설명을 듣고 있자니, 그림에 얽힌 전설이 우리네 전래동화와 매우 흡사한 것이 아닌가.

불당 외벽에 장식된 모자이크 벽화

이야기 내용은 이렇다. 배고픈 호랑이가 어미 소를 잡아먹으려고 하니, 어미 소가 집에 갓 낳은 새끼가 있어서 젖을 주고 올 테니 그때 잡아먹으라고 부탁했다. 호랑이는 어미 소의 부탁을 들어주어 집으로 돌려보냈다. 어미 소는 송아지를 배불리 먹인 다음, 전후 사정을 말하고 호랑이에게 가야 한다고 말했다. 이에 송아지는 자신도 함께 가겠다고 떼를 썼고, 어미 소는 어쩔 수 없이 함께 호랑이에게 갔다. 호랑이에게 간 어미 소가 이제 자신을 잡아먹으라고 말하니, 옆에 있던 송아지가 어미 소는 늙어서 맛이 없으니 어린 자신을 대신 잡아먹고 어미 소는 보내 달라고 간청했다. 어미 소는 새끼는 작아서 먹을 게 없으니 자기를 잡아먹으라고 졸랐다. 어미 소와 새끼의 사랑에 감복한 호랑이는 자신이 굶으면 아무 일도 없을 테니 돌아가라며 소들을 잡아먹지 않았다고 한다.

씸 내부와 외부 장식

씸 내부로 들어가니 내벽은 금빛 벽화로 장식해 놓았다. 벽화는 동남아 국가 어디서나 접하게 되는 힌두신화 라마야나^{Ramayana}와 부처의 생애를 담은 짜따까 ^{Jataka}를 소재로 삼았다. 자세한 내용을 몰라서 그저 그림만 바라볼 수밖에 없었다. 건물 벽의 위치와 성격에 따라 다양한 내용으로 그림을 그린 것은 불교의 사상과 이념을 표현하기 위한 수단이다. 불교 경전과 교리가 너무 어렵기 때문에 그림을 통해 불자들이 어려운 불교를 쉽게 이해하고 교화되기를 바라는 의도다.

사원을 구석구석 돌아다니다 메콩 강으로 내려가는 계단 쪽에 작은 배가 보인다. 혹시 보트 경주에 참가하는 배가 아닐까 해서 다가갔다. 그런데 배 위에 웬 승려 한 분이 올라앉아서 생각에 잠겨 있는 것이 아닌가. '왜 하고 많은 장소 중에 여기서 이러고 있지?' 하는 생각에 물으니, "여기가 조용해서 공부하기 좋아요." 하고 답한다.

그도 그럴 것이 사원 곳곳에는 자습하는 승려들이 많이 보인다. 왓 시엥통은 여행객이 많이 찾는 장소니 승려들에게 혼자만의 공간은 절대적이지 않을까. 조심스레 카메라를 보이며 "사진 좀 찍어도 될까요?" 하니 승려는 아무 말도 없이 조용히 미소를 지으며 고개를 끄덕인다.

딱히 말이 통하지 않는 여행자와 승려는 서로 말이 없었다. 그저 각자 하는 일에 몰두한다. 사진을 찍고 가벼운 목례로 고마움을 대신하고 자리를 뜬다. 수줍게 웃어 보이는 승려의 미소가 "살펴가세요." 하는 인사로 느껴진다. 그리고 얼마쯤 사원을 돌아보고 다시 그 옆을 지나니 스님은 계속 근무 중이다.

왓 시엥통에서 20여 분을 걸어 세 번째 사원인 왓 위쑨나랏$^{Wat\ Wisunnarat}$에 향한다. 왓 시엥통에서 족히 1km는 되는 거리다. 지도만 있으면 누구라도 찾는 데 어려움은 없다. 칸 강을 따라 킹킷사랏 거리$^{Thanon\ Kingkitsarat}$를 줄곧 걸으면 위쑨나랏 거리$^{Thanon\ Wisunnarat}$와 폼맛따 거리$^{Thanon\ Phommatha}$가 만나는 삼거리에 사원이 있다.

왓 위쑨나랏 사원의 탓 파툼. 석가모니의 진신사리가 보관되어 있다.

    왓 위쑨나랏은 입구부터 다른 사원들과는 다른 분위기다. 조용한 왓 쌘과 왓 시엥통에 비해 엽서, 그림, 열쇠고리, 금속 장신구 등 기념품을 판매하는 좌판들로 북적인다. 루앙프라방에 와서 처음으로 접하는 번잡함이 왠지 싫지는 않다. 아마도 사람 냄새가 물씬 풍기기 때문일 것이다. 다른 여행지라면 북적거리는 좌판에 눈살을 찌푸릴 테지만, 여기는 몹시 조용한 루앙프라방이 아닌가.

    좌판이 많다는 것은 그만큼 여행객이 많이 온다는 증거일 것이다. 무엇이든 내세울 만한 매력 없이는 여행객이 방문하지 않을 터. 재빨리 가이드로 보이는 이한테 묻는다. 가이드는 이곳의 쌤이 1513년에 지은 건축물로, 라오스에서 가장 오랜 역사를 지녔다고 한다. 오랜 시간을 거슬러 라오스의 찬란한 역사와 마주하고 있는 셈이다.

사원과 건물의 내력을 알고 씸을 보니, 나무와 벽돌을 혼용해서 건물을 지었다. 16세기에도 벽돌을 이용해 건물을 지었나 하는 의구심이 든다. 루앙프라방은 벽돌을 이용해서 건물을 지을 필요가 없는 도시다. 지천에 널린 게 나무다. 나무를 잘라 뚝딱거려서 집을 만드는 게 익숙한 사람들이다. 구태여 흙을 개서 벽돌을 구워낼 이유가 없다. 공사도 어렵고 비용도 많이 드는 건 당연지사.

다시 가이드를 찾아 물어보니, 원래는 목조 건물로 지은 것이란다. 그런데 1887년 중국이 침략했을 때 방화로 무너져 내린 것을 1898년에 목재와 벽돌을 같이 사용하여 재건했다고 한다. 설명을 듣고 나니 안타까운 마음과 함께 침략자들에 대한 분노가 일었다.

동병상련이랄까. 우리도 숱한 외침으로 인해 얼마나 많은 문화유산을 소실했는가. 다시는 병화에 시달려 다음 세대가 소중한 문화유산을 보지 못하게 되는 일이 없길 마음속으로 빈다.

왓 위쑨나랏 입구에는 좌판들이 북적인다.

신성한 불상 파방을 만나다

왕궁박물관
Ho Kham

사람들에게 사원의 도시 루앙프라방에서 가장 신성한 장소를 꼽으라면 주저 없이 왕궁박물관을 말한다. 왓 시엥통도 있고 왓 위쑨나랏도 있는데 박물관이 얼마나 대단하기에 반드시 가 보라고 하는 건지. 가 보면 안다. 왜 왕궁박물관이 신성하고 소중한 공간인지.

왕궁박물관은 씨싸왕웡 거리 중심부에 위치하고 있어 찾기가 어렵지 않다. 입구에 들어서니 정면으로 길이 나 있고 양옆으로는 키 큰 나무가 도열해 있는 폼이 예사롭지 않다. 건물은 생각했던 것보다 세련된 모습이다. 동양적이라기보다는 유럽 느낌이 강하다. 프랑스 식민지 시절에 지은 건물이리 라오스 양식과 유럽 양식이 혼재되어 있다.

왕궁박물관은 1904년 공사를 시작해서 20년이라는 오랜 세월이 걸려 완공되었다. 1975년 사회주의 혁명으로 왕정이 폐지될 때까지 왕궁으로 사용했다. 사실 박물관이라고 해도 그리 대단하다고 할 만한 곳은 아니다. 왕과 왕비의 침실, 접견실, 왕좌, 도서관 등으로 나뉜 곳에 왕실에서 사용하던 물건과 외교사절에게 받은 기념품을 전시해 놓은 정도다. 그럼에도 이곳이 중요한 이유는 라오스에서 가장 신성시되는 불상인 파방을 모셔 놓고 있어서다.

왕궁박물관에는 황금불상 파방을 보관하고 있다.

파방 전시실은 다른 전시실과는 달리 유리벽으로 차단해 놓고 출입을 금지한다. 파방을 보기 위해 박물관에 왔는데 출입 금지라니 황당하다. 직원의 안내에 따라 유리벽 밖에서 안을 들여다볼 수 있을 뿐이다. 사진촬영도 금지다. 문제는 파방을 자세히 볼 수 없다는 점이다. 불상이 큰 것도 아니기에 그저 먼발치에서 '저게 파방이구나!' 하는 정도다. 기대가 컸던 만큼 실망도 배가 된다.

파방은 높이 83cm, 무게 50kg에 달하는 황금불상이다. 정확한 제작연대는 알 수 없다. 불상의 양식으로 보아 대략 1~9세기 사이에 만든 것으로 추정한다. 파방은 쎄이론Ceylon(지금의 스리랑카)에서 11세기경에 크메르로 넘어갔다가 란상왕국 파 응움 왕 때 루앙프라방으로 전해졌다. 파방이 전해지면서 황금의 도시라는 뜻을 지닌 '시엥통'에서 위대한 불상이 있는 도시라는 의미인 '루앙프라방'으로 변했다. 파방의 영광도 잠시, 1563년 수도를 비엔티안으로 옮기면서 파방도 함께 루앙프라방을 떠났다. 이후 1779년 시암족(지금의 태국)의 침략을 받아 빼앗기는 수모를 겪다가 1839년에 비로소 라오스로 되돌아오게 되었다. 1975년 파방은 오랜 방황의 종지부를 찍고 왕궁으로 옮겨져 편안한 휴식을 취하고 있다.

왕궁박물관 정면에서 서쪽 교차로 방면으로 조금만 걸음을 내딛으면 '새로운 사원'이라는 의미를 지닌 왓 마이Wat Mai가 있다. 정식명칭은 왓 마이 쑤완나푸마함Wat Mai Suwannaphumaham. 18세기 후반에서 19세기 초, 70년에 걸쳐 축조한 사원은 본당 입구를 받치고 있는 기둥과 벽면의 조각을 금박으로 장식해 놓아 여행자들 사이에 황금사원으로 더 유명하다. 1894~1947년에는 파방을 이 사원에 모셔 놓기도 했다.

왓 마이는 소년 승려들이 많기로 유명한 곳이기도 하다. 햇빛에 초롱초롱 빛나는 뜰이 인상적인 이 고풍스러운 사원은 어린 승려들에게 수행터이자 꿈을 키우는 학교다. 이곳에서 공부하는 승려를 만나기란 어렵지 않다. 틈나는 시간마다 뜰이며 벤치에 앉아서 공부하는 것을 게을리 하지 않는다. 곁을 지나며 공부하는 책을 보니 영어로 쓰여 있다.

용기를 내어 조심스레 말을 건넨다.

"사바이디. 무슨 공부를 그리 열심히 하세요?"

"영어요."

"사원에서 영어도 배우나요?"

"그럼요. 불교 과목뿐 아니라 영어, 일본어 같은 외국어도 공부해요."

하긴 사원에서 생활한다고 불교 경전만 뚫어져라 쳐다볼 수는 없겠지.

사원의 담마스쿨에는 5학년 20명, 4학년 10명. 총 30여 명의 학생들이 다닌다. 그중에는 승려가 되려다가 포기했지만 계속 학교를 다니는 아이들도 있다고 한다. 이들은 승려들처럼 10계명까지는 아니어도 최소한 5개 계율을 지켜야 한다.

담마스쿨은 가난한 아이들의 마지막 희망인 셈이다. 가정 형편이 어려운 아이들이 많다 보니 공부에 대한 열정은 뜨겁다. 컴퓨터도 없고 수업 교재도 변변찮다. 에어컨에서 나오는 시원한 바람도 없는 작고 열악한 교실이지만 아이들에게는 꿈을 키워 갈 수 있는 소중한 공간이다.

왓 마이 사원의 입불상과 좌불상

가난한 아이들에게 출가는 어쩌면 가족과 자신을 위한 마지막 선택일지도 모른다. 그렇기에 힘들고 고달파도 미래를 위해 학업에 열중한다.

어린 승려라고 공부만 하는 것은 아니다. 사원과 도시의 궂은일을 도맡아 한다. 크고 작은 공사에 어린 승려들이 봉사하는 모습은 루앙프라방에서 어렵지 않게 만날 수 있다. 이들에게는 그 자체가 하나의 수행 과정이다.

어렵사리 꺼낸 질문에 꼬마 승려가 싫은 내색 없이 선뜻 대답을 해 주니 용기백배하여 궁금했던 질문 보따리를 풀었다.

왓 마이 사원의 진수는 측면에서 바라보는 지붕에 있다.

"사원 생활하면서 뭐가 제일 힘들어요?"

"아, 힘든 거요? 딱밧이요. 음식을 가지러 가는 거죠."

"왜요? 일찍 일어나야 해서요, 아님 창피해서요?"

"아니요. 음식을 구하러 갈 때 맨발로 나가야 하거든요. 발이 너무 아파서 힘들어요."

전혀 예상치 못한 답이다. 딱밧에 그런 고충이 있다니. 다음에 딱밧을 구경할 때는 승려들의 발을 유심히 봐야 할 것 같다. 정말로 맨발인지.

"누구도 스님을 만질 수 없다는데 맞나요?"

"그런 것은 아니고, 여자들은 악수를 하거나 우리 옷에 손을 대서는 안돼요. 7살 이상인 여자와 접촉을 금하는 것은 저희가 지켜야 하는 10가지 계율 중 하나거든요."

"이해가 되지 않는데?"

"남녀가 손을 잡으면 감정이 생기기 때문에 안 되는 거예요. 만약 감정을 관리할 수 있다면 괜찮을 것 같은데. 승려들이 여자를 보면 마음이 생기기 때문에 금지하는 겁니다."

남녀칠세부동석도 아니고 아름다운 오렌지색 승복 뒤에 이런 고민들이 있다니. 인간은 이성보다는 감정이 우선하거늘, 어린 나이에 이성으로 감정을 제어해야만 하는 라오스 꼬마 승려들의 현실이 무섭다.

정해진 계율에 맞춰 자신을 통제하는 법을 익히면 어린 승려들은 누가 키우지 않아도 절로 훌륭하게 성장하고, 진흙 구덩이에서도 아름답게 꽃을 피우고, 세상을 향해 꾸밈없이 아름다운 노래를 부르겠지.

타임캡슐을 간직한
작은 우주

푸씨
Phu Si

　가시지 않을 것만 같던 더위도 해가 지기 시작하면서 점차 사그라진다. 슬슬 산책을 나서도 될 시간이다. 해 질 무렵 루앙프라방에서 제일 아름다운 일몰을 구경할 수 있는 곳은 푸씨Phu Si다. 푸씨는 타운 중앙에 솟은 높이 100m 정도의 낮은 산이다. 노을 지는 루앙프라방의 모습을 한눈에 내려다볼 수 있는 전망 포인트일 뿐만 아니라, 가장 가까이에서 석양을 볼 수 있는 장소이기도 하다.

반바지에 슬리퍼를 신은 간편한 복장에 카메라를 둘러메고 일몰을 감상하러 간다. 씨싸왕웡 거리의 왕궁박물관에서 길을 건너면 산 정상을 향해 계단이 놓여 있다. 푸씨로 올라가는 길이다. 계단이 있다는 것은 호젓한 산책로가 아니라는 말이다. 사람들의 왕래가 잦은 곳이어서 정상까지 편안하게 올라갈 수 있도록 포장이 되어 있다. 몸이 편한 것은 좋지만, 모름지기 산인데 흙냄새 맡으며 걷는 길이었으면 좋겠다는 아쉬움이 남는다.

푸씨로 가기 위한 입구는 여행객이 많이 오는 장소인 만큼 조악한 물건을 팔러 나온 꼬마와 할머니가 줄을 서서 기다린다. 만약 다른 나라였다면 하나라도 팔기 위해 필사적으로 따라오는 이들을 물리쳐야 하지만, 여기서는 그럴 필요가 없다. 사람들은 그저 물건을 가리키며 한마디 정도 할 뿐이다. 사실 큰돈 드는 것이 아니어서 한두 개 정도는 살 수도 있다. 안 산다는 모진 말과 함께 매정하게 돌아서서 가는 마음이 불편하지만 이렇게 하지 않으면 안 된다.

매표소에서 계단을 따라 정상에 오르면 위로는 나무에 가렸던 하늘이 열리고 발밑으로는 산이 병풍처럼 둘러싼 루앙프라방의 전경이 눈에 들어온다. 위에서 내려다보니 생각보다 도시가 작다. 도로에는 차도 많지 않다. 시내에는 눈을 어지럽게 하는 고층 건물이 없고 집들도 커다란 나무와 어울려 있어 문명 세계와는 단절되어 있는 느낌을 준다. 마치 탐험가가 새로운 세상을 발견한 기분이랄까. 바로 이런 느낌 때문에 유럽 여행자들이 오랫동안 머물며 육체적 평안은 물론 정신적 위안을 얻으려고 하는 게 아닐까. 붉게 타오르며 산봉우리 뒤로 넘어가는 일몰은 인간의 손때가 타지 않은 순수한 자연 풍경을 선물한다.

　중국의 시인 도연명이 "동쪽 울타리 아래서 국화를 캐다가, 유연히 남산을 바라보노라."를 읊던 시간이 이와 같을까. 우리가 사는 동안 한가한 날은 많지 않다. 인생도 짧은데 그 사이에 한가한 시간이란 얼마나 될까. 이곳에서 보내는 시간은 무엇도 나를 간섭하지 않는, 아무것도 신경 쓰지 않아도 되는 시간. 그저 눈앞에 놓인 자연의 조화를 바라보며 온전히 나를 위해 보낼 수 있으니 어찌 행복하지 않을 것인가.

　일몰에 취해 계단을 내려오니 왕궁박물관 앞은 어느새 시끌벅적한 장사진을 이루고 있다. 어디서 하나둘 모여들었는지, 낮에는 보기 힘들던 사람들이 길을 가득 메우고 좌판을 벌인다. 매일 오후 5~11시 사이에는 거리를 막고 기념품을 판매하는 커다란 몽족 야시장이 열린다. 물건은 집에서 수공예로 만든 가방과 신발, 목기, 우리나라 삼베처럼 베틀로 짜낸 실크 제품이 주를 이룬다. 천천히 구경하며 발걸음을 옮기다 보면, 다른 나라의 시장과는 분위기가 다르다는 것을 알게 된다.

　누구 하나 물건을 사라고 호객 행위를 하지 않는다는 것. 수줍은 듯 지나가는 행인을 물끄러미 바라볼 뿐이다. 작은 판에 물건을 들고 다니며 파는 아이들도 마찬가지다. 조심스럽게 내어 보일 뿐 옷소매를 잡아끌지는 않는다. 손님이 관심을 보이고 말을 걸어야 그제야 응대를 한다. 그러니 눈요기를 할 요량이라면 이보다 더 편할 수는 없다. 조심스럽게 카메라를 들이대지만 찍지 말라고 화를 내는 이도 없다. 수줍은 듯 손사래를 치며 고개를 돌리는 게 전부다.

가격도 대부분 1~5달러 정도다. 정찰 가격이라는 게 있을 리 만무하니, 흥정은 기본이다. 그렇다고 너무 심하게 흥정하는 것은 좋지 않다. 적당히 밀고 당기며 흥정을 즐기되, 무조건 싼 가격에 구입하려는 욕심은 버려야 한다. 이곳이 라오스의 루앙프라방이기 때문이다. 크게 욕심을 부리지 않고 현실에 만족하며 살아가는 이들 틈에서 잇속을 차리자고 아옹다옹하는 것은 어울리지 않는다. '안분지족'. 내가 속해 있는 환경, 소유한 물질만으로도 충분한 곳이 루앙프라방인 것을 명심하자.

거리 위로 사람들이 하나둘 모여든다.

소박하고 정겨운 물건들

시선을 사로잡고, 발걸음을 이끈다.

강을 거슬러
부처의 나라에 오르다

빡우동굴
Pak Ou Caves

왓 시엥통의 뒤편 계단을 걸어 내려가니 뿌연 흙탕물로 된 메콩 강이 유장하게 흐른다. 강변에는 선폭이 좁고 긴 보트가 빼곡하게 늘어서 있다. 강으로 내려가 물으니 빡우동굴을 오가는 유람선 선착장이란다. 빡우동굴은 '불상동굴'이라 불리는 명소다. 동굴 안에 수많은 불상을 모셔 놓아 루앙프라방을 찾는 여행자들이 가장 많이 방문한다. 그래서 선착장에는 늘 여행자를 기다리는 배들이 정박해 있다.

우연찮게 빡우동굴을 갈 수 있는 방법을 찾았으니 망설일 이유가 없다. 특별히 어디를 가려고 계획한 것도 아니요, 시간에 쫓기는 것도 아니다. 의도하지는 않았지만 나를 기다리는 곳이 있으니 마음이 동하면 움직이면 그뿐이다.

사실 빡우동굴은 여행사를 통해 반나절 투어로 가는 게 유리하다. 뱃삯도 저렴하거니와 덤으로 반상하이 Bản Xáng hải 라는 마을도 둘러볼 수 있기 때문이다. 게으른 여행자를 표방하는 나로서는 여행사에 가서 예약하고 시간에 맞춰 배를 타야 하는 수고가 여간 번거로운 것이 아니다. 기회가 왔을 때, 상황이 눈앞에 닥쳤을 때 실행하지 않으면 미래를 기약할 수가 없다.

롱 보트에 오르고 나니 생각보다 배 형편이 괜찮다. 강물을 거슬러 25km를 가야 하니 탄 배가 불편하면 여행도 언짢아지기 마련이다. 처음에는 배 양옆으로 판자를 대서 서로 마주 보고 가야 하는 줄 알았는데, 선미를 향해 걸상 같은 의자들이 3줄로 정돈되어 있는 게 아닌가. 게다가 기대하지도 않은 방석을 놓아 주는 배려까지. 빡우동굴로 떠나는 여정은 시작부터 상쾌하다.

2시간 남짓한 뱃길 여행. 자칫 지루할 수 있는 시간이지만 의외로 그렇지 않다. 인적이 드문 강안에서 퍼지는 고요함이 마음을 평화롭게 한다. 배가 달리면서 생겨난 물결이 퍼지는 모양새도 좋다. 마치 인적 없는 오지에 발을 들여놓고 나만의 흔적을 남기는 기분이다.

산봉우리는 푸르고 하늘은 아름답다. 흰 구름이 바람에 떠밀려 강상으로 떠나가건만 흙탕물인 강에는 그림자 하나 없다. 흔한 물새조차 찾아보기 힘들다. 그럼에도 싫지 않은 이유는 이 모든 것이 루앙프라방의 정서를 단적으로 표현한다고 느꼈기 때문이다.

멍하니 강을 바라보고 있자니 문득 《채근담》의 한 구절이 떠오른다.

상쾌한 강바람만으로도 마냥 행복한 이곳. 루앙프라방

빡우동굴로 향하는 길

"성근 대에 바람 오매, 바람이 지나가자 대나무엔 소리가 남지 아니하고, 기러기가 찬 못을 건너는데, 기러기 가고 나니 못은 그림자를 머물게 하지 않는다."

그렇다. 산이 지나고 구름이 지나도 강에 머물러 있지 않는다. 그러나 오직 사람만이 이것을 보고 느끼면서 온갖 상념에 젖는다.

라오스 사람들의 강변 생활도 지루함을 덜게 해 주는 요소다. 작은 배를 타고 투망질하는 어부, 배에서 생활하며 사람들을 실어 나르는 뱃사람, 사금을 채취하기 위해 강모래를 퍼 올리는 가족. 모두가 자신의 삶을 충실하게 이행한다. 문명의 오지에서 살아가는 이들의 모습은 멀리 문명 세상에서 온 여행자의 눈에 신비함으로 다가온다. 덕분에 빡우동굴로 가는 뱃길은 즐거운 시간이 된다.

동굴 안에 모셔 놓은 불상에는 라오스 사람들의 염원이 담겨 있다.

한참을 메콩 강을 거슬러 온 배는 석회암 절벽 앞 선착장에 일행을 내려놓는다. 고개를 들어 보니 절벽에 두 개의 동굴이 나 있다. 빡우동굴이 유명한 이유는 '불상동굴'이라는 별명에 걸맞게 4천여 기의 불상을 모셔 놓고 있어서다. 란상왕국 때는 왕들이 매년 새해가 되면 이곳을 방문해 나라와 국민의 안녕을 빌었다고 한다. 지금도 '삐마이 Pi Mai'라는 라오스 새해 행사가 열리면 소원과 복을 빌러 이곳을 찾는 현지인들이 많다. 불상의 종류도, 생김새도 제각각이어서 여행자들도 먼 길을 마다 하지 않고 찾아온다.

동굴은 아래쪽의 탐띵 Thām Ting과 위쪽의 탐품 Thām Phum으로 이루어져 있다. 어느 곳을 먼저 봐도 상관은 없지만, 우리 일행을 데려다 준 선장은 탐품에 먼저 갔다가 탐띵을 보라고 권한다. "왜요? 꼭 그래야 하는 이유라도 있나요?" 하고 물으니, "가 보면 알아요." 하는 답과 함께 알 수 없는 미소만 짓는다.

배에서 내려 선장의 조언대로 탐띵을 지나쳐 위쪽 동굴로 먼저 발길을 옮긴다. 얼마 가지 않아 경사가 급한 계단이 나온다. 일단 끝이 보이지 않는다. 라오스의 무더위를 뚫고 계단을 한참이나 올라야 한다니, 절로 고개가 숙여진다. 한 발 한 발 힘겹게 계단을 오르니 이미 온몸은 땀으로 뒤범벅이다. 그래도 눈앞에 동굴을 마주하고 있으니 기분은 좋다.

잰걸음으로 탐품에 들어서는데, 아뿔싸! 기쁨은 사라지고 허탈감이 파도처럼 밀려온다. 동굴 내부가 어두워서 아무것도 보이지 않는 것이다. 정보가 없어 랜턴을 미리 준비하지 못한 잘못도 있지만, 여행객이 많이 찾는 장소에 조명 시설 하나 없다는 게 쉽게 이해되지 않는다. 아쉽지만 이따금 터지는 카메라 플래시를 통해 불상의 존재를 확인할 수밖에 없다.

'힘겹게 계단을 오르고도 어두워서 불상을 제대로 볼 수가 없으니 선장이 탐품에 먼저 가라고 했구나.'

투덜거리며 계단을 내려와 탐띵으로 향했다. 탐띵은 탐품보다 훨씬 많은 사람들로 북적인다. 계단을 오르지 않아도 되고, 동굴 입구가 넓어 불상이 잘 보이기 때문이다. 불상도 훨씬 많다. 빡우동굴에 불상이 언제부터 많아졌는지는 알 수 없다. 다만 매년 새해가 될 때마다 인근 마을 주민들이 소원을 빌기 위해 불상을 가지고 온 뒤 기도하고 놓고 가면서 하나둘 생기기 시작했다고 한다.

초와 향을 준비한 이들은 마음에 드는 불상을 찾아 연방 절을 하며 소원을 빈다. 아무것도 준비하지 못한 나는 가만히 있기도 어색해서 불상을 찬찬히 살펴본다. 사실 본다고 해도 불상에 대한 지식이 전무하니 알 턱이 없다. 다만 이곳의 불상이 한국의 불상과는 많이 다르다는 것은 느낄 수 있다.

우리네 불상이 넉넉한 풍채에 풍만한 얼굴, 그리고 온화한 미소를 짓고 있다면, 라오스의 불상은 가냘프고 인상도 무척 날카롭다. 무서운 느낌도 든다. 부처가 인도 보드가야의 보리수 아래에서 깨달음을 얻었을 때 모습을 상상해 본다면 여기 불상이 더욱 사실적이지 않을까. 뼈를 깎는 자기 절제와 수행을 통해 무소유를 실현하고자 애쓰는 모습을 담았다면 말이다. 하지만 워낙 한국의 인자한 불상에 익숙해진 탓에 어색하고 불편한 느낌은 지울 수가 없다.

동굴을 내려와 다시 배를 타고 루앙프라방으로 돌아가는 길. 또다시 깊은 상념에 빠져들었다.

'나는 루앙프라방이 정말 좋은가? 왜 좋은 것일까?' 여행을 하는 동안 수없이 던진 질문이다. 답은 의외로 쉽게 나왔다. 나는 루앙프라방이 정말 좋다. 왜냐하면 디지털 세상에서 아날로그적 풍경이 그리웠고, 바쁘게 돌아가는 세상에서 내 삶의 속도를 한 박자 늦추고 싶었기 때문이다. 그리고 삶의 쉼표가 간절하게 필요할 때 내 앞에 나타난 곳이 루앙프라방이다.

누구에게도 방해받지 않고
천천히 삶의 속도를 늦출 수 있는 루앙프라방이 참 좋다.

오지에 감춰진 생명의 물길

꽝시폭포
Tat Kuang Si

　오전 9시. 라오스의 강렬한 태양빛은 한낮을 방불케 한다. 늦잠을 자고 싶어도 더위 때문에 그럴 수가 없다. 가만히 있어도 등에 땀이 흐르고, 하루에 서너 번씩 샤워를 해도 그때뿐인 무더위. 더운 나라를 여행할 때면 늘 겪는 일이건만 쉽게 적응하기 어렵다. 게스트하우스 정원에는 폭염에도 아랑곳하지 않는 수목이 바람에 살랑인다.

　의자를 들고 나무 그늘 밑에서 쉬려니 이번에는 모기가 가만두지 않는다. 이놈들은 더위를 타지 않는 모양이다. 라오스에서 더위보다 더 무서운 것이 모기다. 방심하고 있으면 어느새 다가와 자신의 흔적을 남기고 도망간다. 아무리 모기향을 피워 본들 소용이 없다. 모기 때문에 간혹 숙소에 묵는 여행자들끼리 "잘 잤어?" 하는 인사 대신 "너 몇 군데 물렸어?" 하는 안부로 아침을 시작하기도 한다.

꽝시폭포의 경쾌한 물소리가 가슴에 울린다.

'오늘은 무엇을 하며 하루를 보낼까?' 생각하며 나무 밑에서 더위를 피하고 있는데, 미국에서 온 매튜가 물놀이를 가자고 한다. 매튜는 방비엥에서 같은 버스를 타고 루앙프라방으로 온 친구다. 장시간 험한 길과 고물 버스에서 동고동락했고, 괴로움을 여행 이야기로 달래며 친해졌다. 도착해서는 같이 숙소도 알아보고, 급기야 같은 곳으로 숙소를 정했다. 매튜는 매우 부지런한 여행자다. 동이 틀 무렵이면 밖으로 나가 거리를 활보하고, 저녁때는 여기저기서 주워들은 유익한 정보를 전해 주는 고마운 존재다. 그런 친구가 오늘은 숙소의 여행자들을 선동하면서 피서를 가자는 것이다.

'설마 메콩 강으로 물놀이를 가자는 것은 아니겠지?' 약간 걱정을 하면서도 흔쾌히 승낙했다. 혼자 하는 여행이 좋기는 하지만, 때로는 여러 사람들과 어울리며 노는 것도 즐거운 일이다. 나와 매튜, 그리고 호주에서 온 커플이 멤버가 되었다. 장소는 타운에서 남쪽으로 32km 떨어진 꽝시폭포 Tat Kuang Si.

매튜는 능숙한 솜씨로 툭툭이를 대절했다. 꽝시폭포까지는 1시간 거리. 폭포 입구에는 생각보다 굉장히 넓은 주차장이 만들어져 있다. 여행자를 위한 선물 가게도 즐비하나, 그만큼 인기가 많은 여행지라는 증거일 것이다. 기사 아저씨는 우리가 물놀이를 끝낼 때까지 이곳에서 기다리고 있을 거란다.

입장료를 내고 들어왔지만 폭포의 흔적은 보이지 않는다. 워낙 숲이 울창해서 보이는 것이라고는 나무뿐이다. 보물찾기를 하듯 숲속을 찾아 헤매야 폭포의 존재를 만날 수 있는 모양이다. 일행은 낙엽을 밟으며 푸릇푸릇한 수림 사이로 난 작은 길을 따라 걷는다. 햇볕 한 점 들지 않는 울창한 숲이다. 눅눅한 습기가 몸을 감싸지만 조금은 시원한 공기가 상쾌하다. 물놀이를 온 건지 삼림욕을 하러 온 건지 모르겠다. 하지만 아무래도 상관없다. 아름드리나무가 우거진 숲은 트레킹을 위한 장소로도 손색이 없을 만치 황홀하다. 이런 멋진 숲이 만들어지려면 얼마나 많은 시간이 필요한 걸까.

울창한 수림 속에 숨겨진 꽝시폭포를 만나러 가는 길

넓고 낮은 지형을 타고 물줄기가 흘러내린다.

자연의 품에 뛰어드는 것, 이보다 더 좋을 수는 없다.

수필가 윤오영의 말을 빌리자면 "여름이 가고 가을이 온 것은 아니다. 봄 위에 여름이 오고 또 그 위에 가을이 온 것"이다. 그렇다. 자연은 하루아침에 만들어지는 것이 아니라 해가 거듭될수록 한 겹 한 겹 쌓여서 더욱 깊어지고 풍성해지는 존재다. 지금 내 앞에 놓인 숲도 시간이 쌓이고 쌓여 풍요로워진 것이다.

숲길을 조금 들어가니 전혀 예상하지 못한 볼거리가 우리를 기다린다. 호랑이와 곰을 사육하는 동물원 아닌 동물원이다. 난데없이 호랑이와 곰이라니 이건 너무 생뚱맞은 조합이 아닌가. 엉성한 울타리 사이로 더위에 축 늘어진 곰을 바라보고는 이내 폭포로 향한다.

10분 정도 올랐을까. 낮은 폭포 하나가 모습을 드러낸다. 짙은 녹색으로 곱게 치장한 산 속 폭포. 일행은 너 나 할 것 없이 감탄사를 연발한다. 서로 말은 하지 않았지만 느끼고 있던 것이다. 밀림 속에 숨겨진 폭포가 내보이는 자연의 속살을. 그 속살이 간직한 황홀한 아름다움을.

꽝시폭포는 여러 층의 폭포가 석회암층을 텀블링해 넘듯 시원하게 계단을 이루며 떨어진다. 물빛은 푸른색으로 매우 곱다. 광물질 함유량이 많아서 파란빛을 띤다고 한다. 원래 파란 물이 하늘빛도 담고 나무색도 담아 더욱 풍성한 빛을 낸다.

처음으로 만난 폭포는 영화 속에서나 봄직한 곳이다. 높이 3m 정도의 폭포 아래로 옥빛의 소가 넓게 만들어져 있다. 그야말로 천연 수영장이다. 마치 영화 '타잔'에서 밀림을 헤치고 나가다 낙원 같은 풍경을 만나는 그런 느낌이랄까. 더욱이 보는 것만으로 그치지 않고 물속에 뛰어들어 더위를 날릴 수 있으니, 이보다 더 좋을 수는 없다. 매튜는 망설임 없이 웃옷을 벗더니 물로 뛰어든다. 나와 호주 커플도 서둘러 다이빙을 시도했다. 물은 생각보다 차갑지 않다. 소에는 우리 일행 외에도 여러 여행자들이 피서를 즐기고 있다. 물가에는 다이빙하기 좋은 나무가 있고, 나무에 줄이 매어져 있어 사람들은 연방 타잔 흉내를 내며 줄타기를 하고는 물로 뛰어든다.

이 얼마나 오랫동안 꿈꿔 온 시간인가. 쪽빛보다 푸른 하늘, 에메랄드빛으로 반짝이는 물. 태양은 또 얼마나 눈부신가. 아무것도 하지 않아도 마냥 즐겁고, 나를 구속하는 그 무엇도 없어 한껏 자유로운 시간. 도심 탈출을 희망하며 소원해 온 완벽한 나만의 파라다이스. 지금 나는 그곳에서 휴식을 취한다.

사실 루앙프라방에 이런 곳이 있으리라고는 상상도 못했다. 생각지도 못한 호사에 입가에 절로 미소가 그려진다. 역시 자연은 사람의 힘으로는 정확하게 내다볼 수 없다. 이것이 자연의 커다란 매력이겠지. 자연이 만들어 낸 새로운 상황. 그 속에서 나그네는 웃고 즐기며 행복을 누린다. 자연이라는 껍질 속에는 언제나 싱싱한 생명력이 살아 숨 쉰다.

수면에는 하늘과 산, 구름과 나무가 끊임없이 움직인다. 이것들을 움직이는 범인은 사람이다. 뛰어들고 물장구치는 통에 물그림자가 쉬이 사그라져서 풍경들이 일그러지기 십상이다. 그래도 이 모습이 보기 좋은 건, 완벽하게 자연과 동화해 한 몸이 될 수 있기 때문일 것이다.

하단에는 높이 1m 남짓한 폭포가 잔잔하게 내려앉는다. 수줍은 새색시처럼 곱고 조용하게 흘러내리는 자태가 아름답다. 뛰어들어 물장구를 칠 수는 없지만 나무에 가린 모습이 무척 예쁘다.

길은 산속으로 계속 통한다. 아직 꽝시폭포의 진짜 주인공이 나타나지 않은 탓이다. 젖은 몸을 말릴 새도 없이 숲길을 오른다. 길옆으로 계곡이 흐르고 폭포수 소리가 들리지만 수풀에 가려 제대로 보이지도 않고 더욱이 근처에 갈 수도 없다.

이윽고 하늘을 가리던 숲이 열리고 소나기 쏟아지듯 떨어지는 하얀 물줄기가 모습을 드러낸다. 떨어진 물이 튀어 오르면서 허공에는 무지개가 생기고, 바람에 날린 작은 물방울이 몸에 와 닿는다. 폭포는 보는 것만으로도 시원하다. 하지만 감동은 하단의 폭포만 못하다. 높은 곳에서 떨어지는 폭포는 한국뿐만 아니라 다른 나라에서도 많이 봤기 때문이다. 그래도 꽝시폭포를 가슴에 새겨야겠기에 서둘러 카메라를 꺼내 셔터를 정신없이 눌렀다.

보는 것만으로도 시원한 폭포의 물줄기

라오스 가이드들 말에 따르면 한국 사람들이 제일 좋아하는 장소가 꽝시폭포란다. 그 이유를 물으니, 경치가 뛰어나고 더위를 피할 수 있어 매력적이라는 것이다. 무엇보다 사진으로 멋진 여행의 흔적을 남길 수 있다는 점이 최고의 장점이다. 가이드는 한국 관광객들은 절대 물에 들어가 수영하지 않는다는 말도 빼놓지 않는다.

물가의 벤치에 앉아 떨어지는 물줄기를, 말없이 흘러가는 계곡물을 한참 동안 바라보았다. 이 모습 그대로 오랫동안 유지되어서 많은 사람들이 잠시라도 오염되지 않은 천연낙원에서 물놀이를 하며 자연이 준 선물을 맘껏 누렸으면 좋겠다는 생각을 해 본다.

사람들은 언제나 순수한 자연에 감탄하면서도, 그것을 자신에 맞게 바꿔 놓기를 좋아한다. 그렇게 손을 보는 것은 자신들이 쉴 수 있고, 자기에게 맞는 좀 더 쾌적한 공간으로 만들고 싶은 까닭이다. 우리의 이기주의가 만들어 낸 욕심이다.

'자연은 후손에게서 빌려 온 선물'이라는 말이 새삼 와 닿는다. 우리들이 꽝시폭포 스스로 알아서 자신을 표현하고 무슨 일이든 하도록 내버려 둔다면, 아마 오랜 시간 한결 풍요로운 풍경을 보게 될 것이다. 전혀 생각조차 하지 못한 꽃이며, 새들이 여기저기서 나타나 아름다움을 곳곳에서 더할 테니까.

사람이 꽃보다 아름답다

순진무구한 꼬마들
Pure Kids

꽝시폭포를 다녀오는 길. 어느 마을 앞을 지나다 천사들을 만났다.

작은 마을에서 아이들은 풍선 하나를 가지고 축구에 심취해 있다. 너른 운동장이 있는 것도 아니고, 골대가 있는 것도 아니다. 그렇다고 번듯한 공을 가진 것은 더더욱 아니다. 그저 골목에서 풍선을 차고 달리는 게 전부다. 그래도 아이들은 마냥 좋아한다.

차에서 내려 아이들에게 다가간다. 이방인의 출현에도 아이들은 별 관심을 보이지 않는다. 카메라를 들이대고 셔터를 누르려고 하니, 그제야 아는 척하며 몰려든다. 서로 자기를 찍어 달라며 아우성이다.

"자, 입 벌리고 활짝 웃자."

말이 통하지 않는 아이들에게 행동으로 보여주니 있는 힘껏 입을 벌리는 아이들. 찍은 사진을 보여 주자 녀석들은 자신의 모습이 신기한 듯 서로 낄낄거리며 웃는다. 처음에는 자기 모습을 궁금해 하더니 이내 옆 친구의 얼굴을 보며 서로 한 마디씩 한다. 무슨 말을 주고받았는지는 모른다. 아마도 "내가 더 잘 나왔어."라거나 "너 표정이 이상해."라고 하지 않았을까. 아이들과 이방인은 처음 본 사이지만 사진 한 장으로 더 이상 남이 아니다. 어느새 아이들과 친해져 함께 풍선을 차며 잠시나마 행복한 시간을 보냈다.

아이들은 천사다. 초롱초롱 빛나는 두 눈에는 세상의 모든 선함이 담겨 있다.

아이들로 인해 내 영혼도 맑게 정화되는 느낌이다.

아이들과 어울리는 동안 소파 방정환이 《어린이 예찬》에서 한 말이 생각났다.

"어린이는 천사외다. 시퍼런 칼날을 들고 찌르려 해도 찔리는 그 순간까지 벙글벙글 웃고 있습니다. 얼마나 천진난만하고 성스럽습니까. 그는 천사외다."

아이들이 천사라면 부모들은 어떨까. 천사의 부모는 천사일 것이다. 아이들 주변에는 옆에서 지켜보는 어른들이 있다. 허나 누구 하나 이방인을 조심하라며 주의를 주는 이가 없다. 아이들에게 다가갈 때도, 아이들의 사진을 찍을 때도 조용한 미소를 지으며 바라볼 뿐이다. 누구인지도 모르는 사람이 자신의 아이와 함께 뛰어노는데 걱정도 되지 않는 모양이다.

내가 거주하는 서울에서도 이럴 수 있을까. 쉽지 않은 일이다. 자신들이 선한 마음을 가져서 다른 사람도 모두 선하게 보는 건지, 아니면 가진 게 없어 더 이상 잃을 게 없기 때문인지 알 수가 없다. 이리저리 생각하다 '뭐 눈에는 뭐만 보인다'는 말 한 마디가 떠올랐다. 우리가 자주 사용하는 표현을 빌어 나름대로 결론을 얻었다. 아마도 전자라는 생각이 강하게 든다.

누구라도 라오스를 여행해 본 경험이 있다면 선하고 순수한 라오스 사람들을 만나 보았을 것이다. 손님이 찾아오면 제 가족인 양 반겨 주고, 빈곤한 살림이지만 찬을 준비하는 마음, 배낭을 메고 돌아다니는 게 안쓰러운지 힘들지 않느냐고 걱정해 주는 심성, 버스 안에서 자신들이 가져온 음식을 기꺼이 나눠 먹는 배려. 이렇듯 고운 마음을 지닌 이들이 있기에 힘들고 불편한 라오스 여행이지만, 언제나 기쁘게 그 속으로 달려가게 된다.

Inside Laos

볼 게 없다고? 도시 전체가 볼거리인데!

라오스를 여행하는 사람들은 하나같이 루앙프라방이 좋다는 말을 한다.
도대체 뭐가 그렇게 좋은 걸까? 과연 모두가 그렇게 생각할까?
루앙프라방에서 만난 한국 여행자 중에는 루앙프라방이 뭐가 좋은지
모르겠다는 이들이 간혹 있다. 사원을 빼면 볼거리가 없고,
그나마 사원도 다 비슷해서 유명한 두어 곳을 보고 나면 볼 게 없다.
빡우동굴이나 쾅시폭포도 멀기만 하지 별로다.
왜 루앙프라방이 유명한지 모르겠다는 반응이다.

물론 틀린 말은 아니다. 그럼에도 나는 루앙프라방이 참 좋다.
그 이유는 도시 분위기가 무척 예쁘기 때문이다.
넓지 않아서 좋고, 숲이 많아서 좋고, 동네가 조용해서 좋다.
무엇보다 눈을 위압하는 큰 건물이 없어서 좋다.
여기에 길모퉁이를 돌 때마다
역사를 품고 있는 무엇인가가 기다리고 있어서 더없이 좋다.

루앙프라방은 그런 도시다.
아주 특별한 볼거리를 기대한다면 실망할지 모른다.
그러나 천천히 돌아보며 평범함 속에 스며 있는 시간의 흔적을 만나고,
그 속에서 살아가는 사람들의 삶을 들여다본다면
루앙프라방만큼 매력적인 여행지도 드물다.

이 도시에서는 특별한 하나가 아닌
도시 전체를 살펴보는 지혜가 필요하다.
삶을 빠르고 급하게 산다고 해서 여행까지 그렇게 하지 말자.
자신이 쓸 여행 시간을 최대한 여유롭게 활용하자.
그러면 전혀 알지 못했던 루앙프라방의 매력을 발견하게 될 것이다.

폰사반
Phonsavan

폭탄 세례로 남겨진 미사일 잔해

전쟁의 흔적과
신비로운 돌항아리

폰사반
Phonsavan

루앙프라방에서 폰사반 Phonsavan까지는 예정보다 많은 시간이 걸렸다. 오는 도중에 버스 타이어에 펑크가 났다. 산길에서는 마을을 만나기도 쉽지 않다. 한참을 펑크가 난 채로 달리던 버스는 마을에 도착해서야 겨우 바퀴를 교체했다.

여행자들 대부분은 루앙프라방 버스 터미널에서 오전 8시 30분에 출발하는 버스를 타고 꼬불꼬불 산길을 달려 오후 4시경에 폰사반에 도착한다. 이동하는 데 꼬박 하루를 투자하는 셈이다. 말이 8시간이지 사람과 짐으로 가득 찬 버스 안은 그야말로 지옥이나 다름없다. 더군다나 의자에 앉으면 무릎이 앞 의자에 닿아 꼼짝달싹하지 못하는 상황이 되니 버스로 이동하는 것이 여간 어려운 일이 아니다. 나는 이렇게 이동하는 데 영 자신이 없다. 좁이 쑤시고 답답해서 속에서 열불이 난다.

폰사반으로 향하는 길

    힘겹게 도착한 폰사반에서 제일 먼저 반겨 주는 것은 게스트하우스의 호객꾼이다. 서로 자기네 집이 싸고 좋다며 열변을 토한다. 다른 나라 같으면 이들을 무시하고 숙소를 찾아 발품을 팔았을 테지만, 가이드북도 없고 아무런 정보도 없는 터라 일단 따라나섰다. 만일 마음에 들지 않으면 다른 곳으로 가면 그만이다. 호객꾼을 따라 서너 곳의 게스트하우스를 돌아봤지만 마음에 드는 숙소를 발견하지는 못했다. 예상 외로 숙소 가격이 너무 비싸다. 결국 혼자서 숙소를 찾기로 하고 여기저기 수소문했다. 가격이 저렴한 곳을 어렵게 찾아내 짐을 풀었다. 그리고 항아리 평원에 가기 위해 여행사를 알아보러 거리로 나왔다.

전쟁의 피폐한 흔적 속에 희망이 담겨 있다.

폰사반은 라오스에서 유명한 여행지다. 여행자들이 이 도시를 찾는 이유는 두 가지다. 첫째는 정체불명의 항아리 평원 Pldin of Jdrs을 보기 위해서고, 둘째는 라오스의 아픈 현대사를 목격할 수 있기 때문이다. 이것들을 보기 위해 먼 길을 마다하지 않고 찾아온다.

게스트하우스와 여행사가 밀집해 있는 구역은 생각보다 휑한 느낌이다. 아니 휑한 정도가 아니다. 마치 서부 영화에 나오는 도시 같다. 작은 도로를 중심으로 황무지 한가운데에 나무 건물 몇 채가 들어서 있는 그런 마을 말이다. 보기에는 멀쩡한 건물이 길가에 이어져 있지만, 건물을 돌아 뒤편으로 가면 흙먼지 날리는 썰렁한 풍경이 연출된다. 어쨌든 황량하고 척박한 느낌, 이것이 폰사반에 대한 첫인상이다.

길을 걷고 있자니 곳곳에서 전쟁의 흔적이 보인다. 정말 거짓말처럼 여기저기에 미사일이 버려져 있다. 어떤 집은 담 한쪽에 전시하듯 미사일을 죽 늘어놓았고, 어느 게스트하우스는 미사일을 기둥 삼아서 간판을 내걸었다. 내가 묵는 게스트하우스에도 프런트 앞에 놓인 미사일이 인테리어 소품으로 사용되었다. 황당하게도 폰사반에서는 미사일이 제일 흔한 것 같다. 도대체 이런 현상을 어떻게 이해해야 할지.

40여 년 전 미군이 남기고 간
반갑지 않은 선물

항아리 평원 투어를 위해 방문한 여행사에서는 아예 폭탄들을 전시해 놓았다.

"이것들은 다 어디서 가져오신 거예요?"

"시골에서요."

"위험하지 않나요. 애들이 가지고 놀다가 폭발이라도 하면 큰일 나잖아요?"

"집이 다 날아가 버리기도 해요. 모든 게 없어지죠. 그런데도 사람들은 아무렇지도 않게 생각해요."

"이것을 팔기도 하나요?"

"파편들을 쉽게 구할 수 있어 장식해 놓았을 뿐인데, 손님들 중에서는 여행 기념품으로 사 가는 사람들도 있어요. 폭탄 1개에 5만 킵(한화 약 7천 원)이에요."

사장님은 질문에 답하면서도 여유 있게 폭탄을 만지작거리며 분해한다. 도무지 이해할 수 없는 광경이지만, 애써 이해하려 노력하지 않았다. 여기는 폰사반이니까. 그리고 폭탄에 대한 의문은 유적지를 돌아다니다 보면 저절로 해소될 것을 알고 있기에.

여행사에서는 폰사반을 둘러보는 여러 패키지 상품을 판매한다. 그러나 불행하게도 내가 원하는 지역을 한 번에 돌아보는 일정은 없다. 결국 가 보고 싶은 지역만 골라서 따로 일정을 잡았다. 물론 훨씬 많은 비용을 지불해야 한다. 그래도 자전거나 오토바이를 빌려서 돌아볼 수 없는 길이기에 선택의 여지가 없다. 다음 날 오전에 일찍 출발하기로 하고 숙소로 돌아와 잠자리에 든다.

황무지에 전하는
돌의 전설

항아리 평원
Plain of Jars

라오스에서 아침 일찍 일어나는 게 당연한 일이 된 것 같다. 다른 도시로 이동할 때도 일찍 일어나 준비를 해야 하고, 루앙프라방에서 딱밧을 보기 위해서도 새벽부터 서둘러야 한다. 폰사반에서 처음 맞이하는 아침도 역시 일찍부터 채비를 갖춰야 한다. 투어가 오전 8시 30분에 시작하기 때문이다. 늦잠을 자도 시원찮을 판국에 계속해서 아침에 부지런을 떨어야 하니 보통 고역이 아니다.

'아, 내가 원하는 게으른 여행은 이게 아닌데.'

결국 게으름도 신비한 불가사의와 슬픈 역사의 현장을 확인하고픈 욕구에 밀려나고 말았다. 오늘의 일정은 항아리 평원 1, 2, 3지역과 미군의 폭격으로 300명이 넘는 라오스인이 목숨을 잃은 탐피우를 돌아보는 것이다.

제일 먼저 항아리 평원 1지역에 도착했다. 입구에는 나무로 만든 울타리가 둘러쳐져 있고, 그 사이로 초라한 출입문이 나 있다. 문 왼편에는 해골 표시가 선명한 안내판이 서 있다. 오른편에는 불발탄이 있으니 조심하라는 안내판과 1지역에 대한 설명이 적힌 안내판이 옹색하게 서 있다.

안내문의 내용은 지극히 간단하다.

"항아리 평원 1지역에는 25ha 넓이에 334개의 항아리가 있는데, 그중 제일 큰 것은 지름 2.5m, 높이 2.57m에 달한다."

관광객을 위한 설명이 너무 짧다. 이왕 유적 설명을 하려면 좀 더 자세하게 해 주지. 이런 내 마음을 읽었는지 가이드가 보충 설명을 해 준다.

항아리 평원 지역. 334개의 돌항아리가 수수께끼를 간직한 채 놓여 있다.

　"1지역이 가장 크고 접근하기 쉬워서 여행객이 제일 많이 옵니다. 이 안에 있는 항아리들 대부분은 무게가 600kg에서 1톤에 이릅니다. 제일 큰 항아리는 무려 6톤이나 되는 것도 있어요." 이어 불발탄 안내 표지판 앞에서 일행에게 조심하라며 주의를 당부한다.

　"하얀색으로 된 지역은 어느 정도 지뢰가 제거되어 안전하다는 표시고, 빨간색으로 된 지역은 지금도 위험하니 들어가지 말라는 뜻이에요. 아직도 불발탄 제거 작업을 하고 있으니 조심하라는 의미죠."

해골 표시가 인상적인 MAG^{Mines Advisory Group}의 안내판은 라오스 정부와 유네스코가 공동으로 2004년 7월 26일부터 10월 29일까지 1, 2, 3지역에 있는 폭발물을 제거했다는 내용이다. 하지만 불발탄은 아직도 남아 있고, 제거 작업도 계속 진행 중이다.

입구를 지나 낮은 언덕에 옹기종기 모여 있는 항아리와 조우한다. 항아리 평원에 대한 사전 정보가 없었더라면 그저 야산에 널브러진 바위 덩어리로 여겼을 것만 같다. 가운데에 구멍이 뚫린 것을 제외하고는 특별한 장식이 없다.

항아리들 사이에 깊게 패인 구덩이도 있다. 다가가 살펴보니 'Bomb Craters During War in 1964~1973'이라고 적힌 표지판이 있다. 얼핏 봐도 직경이 4m는 넘어 보이는데, 대체 얼마나 큰 폭탄이 떨어져야 이런 폭탄 구덩이가 생기는 걸까. 미국의 무차별 폭탄 세례를 잘 견뎌낸 항아리들이 용하다. 그리고 고맙다. 이렇듯 남아 있으니 야만적인 전쟁의 참상을 고발하는 증인이 되고, 소중한 유적을 후손들에게 보여줄 수 있지 않은가.

이 신비로운 유적지가 이렇게 된 것은 바로 미군의 폭격 때문이다. 1964년부터 1973년까지 베트남 전쟁 기간 동안 사회주의 단체인 파테트라오Pạthạt Lào를 궤멸하기 위해 북베트남을 공습하고 돌아오던 미국 폭격기들이 베트남에서 처리하지 못한 폭탄을 라오스 북부에 쓰레기 버리듯 쏟아 냈다고 한다. 폭격 횟수 50만 회, 투하된 폭탄의 양만 220만 톤에 달한다. 이런 무자비한 폭격 속에 무엇인들 온전하게 남을 수 있었을까.

문제는 폭격에서 끝난 것이 아니다. 그중 30%가 불발탄이나 지뢰로 남다 보니 북부 지역에는 늘 사고가 날 위험이 도사리고 있다. 항아리 평원도 예외는 아니다. 유적 중 20%가 파괴되었을 정도로 심한 폭격에 난도질을 당했지만, 아직도 남아 있는 불발탄 때문에 몸살을 앓고 있는 지경이다.

언덕을 내려오면 너른 평원에 많은 항아리가 밀집해 있다. 마치 돌 박물관에 온 것만 같다. 크기가 큰 것과 작은 것, 서 있는 것과 누워있는 것 등. 모두 제각각이다. 심지어 어떤 항아리에는 뚜껑이 덮여 있기도 하다. 사람들은 항아리를 배경으로 사진을 찍느라 여념이 없다.

불가사의는 신비함을 유지할 때 그 가치가 더욱 빛난다.

이 항아리들의 정체는 뭘까. 궁금증은 더해 가는데 누구도 명확하게 설명해 주지 않는다. 그도 그럴 것이 크기도 모양도 제각각인 항아리는 그 정체가 아직도 밝혀지지 않았다. 돌들이 왜 여기에 있는지, 누가, 왜 만들었는지 모두 불가사의다. 가이드는 항아리의 기원에 대해 이렇게 설명한다.

"평원에 있는 항아리는 사람 시신을 안장한 집단 석관묘지라는 설과 라오라오 위스키를 담가 보관하는 용도로 제작되었을 것이라는 설이 있어요."

학자들 사이에서는 석관묘라는 설이 설득력을 얻는 모양이다. 학자들이 한 연구에 따르면 약 2,500년 전에 장례용으로 만들었다고 한다. 가이드는 어떤 항아리는 돌 표면에 아기 얼굴이 새겨져 있기도 한데, 이것이 아기를 안장하면서 그 영혼을 돌에 새긴 것이라는 이야기를 해 준다.

구태여 항아리 평원의 진실에 대해 알려고 하지 않아도 좋을 것 같다는 생각이 든다. 아직은 인간의 지혜로 풀 수 없는 수수께끼로 남아야 전 세계 여행자들의 궁금증을 유발하고 더 사랑을 받을 수 있을 테니까.

1지역에는 작은 동굴도 있다. 자연적으로 형성된 것은 아니고 사람들이 힘겹게 바위를 깎아 만든 인공굴이다. 사람들이 전쟁을 피해 숨어 지내는 은신처로 사용되었다고 한다. 아마도 미군의 폭격이 시작되면 사람들은 사력을 다해 동굴로 뛰어갔을 것이다. 그리 크지 않은 동굴에서 서로 의지하며 몸을 웅크리고 오들오들 떨고 있었을 사람들을 생각하니 코끝이 찡하다. 시간은 모든 것을 잊게 만들지만, 동굴 천장 한가운데에 환기를 위해 뚫어 놓은 구멍에는 그날의 현장을 기억이라도 하듯 여전히 밝고 따뜻한 빛이 들어온다.

2지역은 타운에서 남쪽으로 25km 떨어져 있다. 1지역에서 2지역으로 가는 길은 비포장길이다. 먼지도 많은 데다 차가 심하게 덜컹거려서 여간 불편한 게 아니다. 힘겹게 2지역에 도착하니 돌계단이 기다린다. 1지역과 달리 인접한 2개 언덕에 걸쳐 가로 질러서 90개의 항아리가 흩어져 있어 계단을 통해 능선에 올라야 한다. 면적도 작고 항아리 수도 적어서 1지역만큼의 감동은 없다. 물론 항아리의 모습도 별반 다르지 않다.

3지역은 2지역에서 남쪽으로 10km 정도 떨어져 있다. 매표소를 지나 다리를 건너니 항아리 대신 너른 논이 펼쳐진다. 논길을 가로 질러 2km 가량 걸으니 낮은 구릉에 약 150여 개의 항아리가 흩어져 있다. 추수가 끝난 논은 다소 황량하지만, 그 속에서 한가로이 풀을 뜯는 소는 더없이 평온해 보인다. 예상치 못한 풍경이지만 한적하고 평화로운 라오스의 풍경 속으로 깊숙이 들어가는 느낌이라 기분이 좋다. 3지역은 1지역에 비해 규모는 작지만 아기자기하고 포근한 느낌이 들어 제일 인상적이다. 주변의 벌판과도 잘 어울리는 모습이다. 앞선 두 지역에서 시간에 쫓기듯 항아리를 둘러봤지만, 이곳에서는 천천히 해가 저무는 광경도 감상하면서 여유를 만끽한다.

석양이 짙어감에 따라 하늘은 물론 대지도 붉게 물들고, 신비로운 유적에도 붉은색이 감돈다. 세상이 어둠 속으로 사라지기 전 마지막 빛을 발하는 항아리가 마냥 신비롭다.

석관묘지일까, 아니면 위스키를
보관하는 용도였을까?

미스터리를 간직한 항아리 평원

187

잔인한 전쟁의 참혹한 현장

탐피우
Tham Piew

　항아리 평원을 구경하면서 문득 '10년간 퍼부은 220만 톤의 폭탄 속에서 라오스 사람들은 어떻게 살아남았을까?' 하는 궁금증이 생겼다. 나무가 무성했을 산도 민둥산이 되어 버렸는데, 집인들 온전했을 리 만무하다. 그래서 찾아간 곳이 시내에서 47km 떨어진 무앙 캄 Muang Kham 에 마련된 추모관이다.

　탐피우 Tham Piew 라고 불리는 추모관은 1962년에 발생한 전쟁의 참혹함, 라오스 사람들의 억울함을 알리기 위한 공간이다. 규모는 그리 크지 않지만, 실내 벽에는 당시 사람들이 화마의 손길을 피해 얼마나 힘겹게 살았는지를 보여 주는 그림과 사진이 걸려있다. 사진 속 주인공들은 산 사람이나 죽은 사람이나 모두 전쟁의 잔인함을 여과 없이 보여준다. 이 사람들과 상관도 없는 먼 나라에서 온 여행자지만 보는 것만으로도 울분이 터진다. 라오스 사람들의 심정이야 오죽하겠는가. 감정이 복받친 몇몇 사람들은 눈시울을 적시며 울음을 참지 못한다. 전쟁이 끝난 지 40여 년이 지났지만 쓰린 기억은 시간이 지나도 영원히 잊혀지지 않을 것만 같다.

　추모관을 나와 전쟁 당시 마을 사람들이 피신해 생활했다는 동굴을 보러 산 중턱으로 오른다. 잔인한 학살의 현장을 찾아가는 길은 오랜 시간이 지난 탓인지 아무 일도 없다는 듯 평온하기만 하다. 동굴에 도착하니 생각보다 큰 입구를 보고 놀랐다. 쉽게 노출되지 않으려면 입구를 작게 만들어야 하는 것이 아닌가. 의아해 하고 있을 즈음, 탐피우 가이드 웡짠 아저씨가 그 이유를 말해 준다.

라오스의 상처를 마주하다.

"원래는 입구가 굉장히 작아서 쉽게 발견하기 힘들었는데, 폭격으로 몇 배나 커졌어요."

그러면 그렇지. 도대체 얼마나 많은 폭탄이 이곳에 떨어졌기에. 전혀 상상이 되지 않는다. 아직도 동굴 입구에는 폭격의 잔재가 고스란히 남아 있다. 폭격에 무너져 내린 돌덩이가 여기저기 널브러져 있다.

"여기에는 대부분 어린아이들과 노인들 그리고 전쟁 때문에 (동굴 밖에서) 다친 부상자들이 있었어요."

"더군다나 보시다시피 화학 폭탄 때문에 동굴이 녹을 정도였어요."

동굴 초입에는 희생자를 추모하기 위해 동굴을 다녀간 사람들이 쌓은 작은 돌탑이 곳곳에 세워져 있고, 돌탑에는 향이 피워져 있다. 희미한 전등불에 의지해 들어가려니 발길을 옮기는 게 쉽지 않다. 무너져 내린 돌이 어지럽게 쌓여 위험하기까지 하다. 너무 위험해서 안으로 들어가는 것을 포기하고 싶었다. 그렇지만 동굴 안에 전쟁의 참상을 말해 주는 무엇이 있을지 모른다는 기대감에 조심스레 발걸음을 떼었다. 하지만 마지막까지 아무것도 보이지 않는다. 그저 황폐화되고 텅 빈 동굴, 그 이상도 그 이하도 아니다. 관광지리면 깨끗하게 치워야 할 테지만, 라오스 정부가 전쟁의 참혹함을 제대로 알리기 위해 동굴을 당시 모습 그대로 보존한 탓이다.

동굴 안은 생각한 것보다 높고 넓다. 하긴 600명이나 되는 주민이 이곳에서 생활했고, 집이나 병원 같은 시설도 있었다고 하니 넓은 게 이해가 된다. 동굴 생활은 미군의 폭격을 피해야만 하는 사람들의 어쩔 수 없는 선택이었다. 안전을 위해 작은 동굴을 더 깊이 파고, 지하마을을 건설했다. 그래야 목숨을 지킬 수 있다고 생각했을 것이다. 이것이 참혹한 최후를 예고하는 것이었음을 누가 짐작이나 했을까.

전쟁 막바지, 미군의 공습이 양민들이 살고 있는 동굴을 표적으로 삼으면서 참혹한 운명이 시작되었다. 1968년 11월 24일, 미군이 동굴을 폭격하자 주민들은 오도 가도 못 하고 그 자리에서 숨졌다고 한다. 오로지 살아남기 위해 어두운 동굴에서 4년 동안이나 살았는데, 유일한 삶의 탈출구라고 믿었던 곳이 한순간에 374명의 거대한 무덤이 될 줄을 누가 상상이나 했으랴. 그렇게 어두운 동굴에서 피난 생활에 굶주리던 죄 없는 사람들이 불쌍하게 죽어 간 것이다. 폭탄에 무서운 화학성분이 함유되어 있어서, 처음에는 시신조차 바로 수습하지 못했다고 하니 더욱 비통하다.

동굴을 안내해 준 아저씨는 자신도 폭격 때 가족과 헤어지고, 구사일생으로 목숨을 건졌다며 "미군은 아주 무서운 사람들이에요. 온 세계를 괴롭게 하는 사람들이에요." 하고 비난한다.

천문학적인 사상자를 낸 라오스의 비극은 아직도 끝나지 않았다. 라오스 정부와 유네스코의 불발탄 제거 작업에도 불구하고 매년 지뢰와 불발탄 사고가 끊이지 않는다. 언제쯤이면 이 땅에 비극이 사라질까. 사람들의 미소가 아름다운 나라 라오스! 순수하고 정이 많은 사람들의 얼굴에 함박웃음이 피어나 오래도록 행복한 시간을 이어갔으면 하는 바람이다.

정성껏 쌓아 올린 돌탑에
죄 없이 죽어간
넋을 위로한다.

마을 잔치가 열린 모습

고산부족들의
새해 큰잔치

푸쿤
Phu Khun

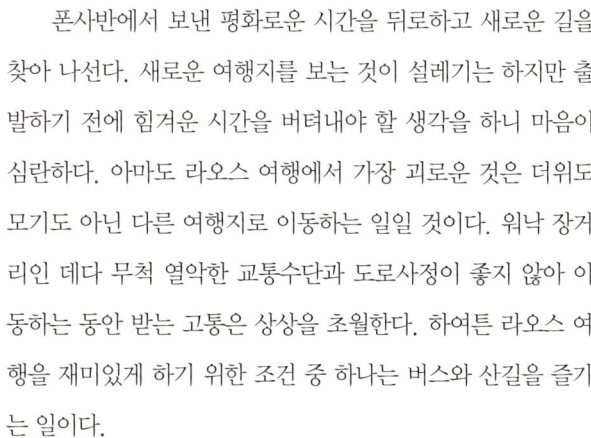

폰사반에서 보낸 평화로운 시간을 뒤로하고 새로운 길을 찾아 나선다. 새로운 여행지를 보는 것이 설레기는 하지만 출발하기 전에 힘겨운 시간을 버텨내야 할 생각을 하니 마음이 심란하다. 아마도 라오스 여행에서 가장 괴로운 것은 더위도 모기도 아닌 다른 여행지로 이동하는 일일 것이다. 워낙 장거리인 데다 무척 열악한 교통수단과 도로사정이 좋지 않아 이동하는 동안 받는 고통은 상상을 초월한다. 하여튼 라오스 여행을 재미있게 하기 위한 조건 중 하나는 버스와 산길을 즐기는 일이다.

나는 여행을 할 때 길을 소중히 여긴다. 아무런 감정 없이 길을 바라보면 그 길은 한낱 도구에 지나지 않는다. 하지만 길 위에는 사람이 터를 잡고 살아가며, 우리는 길 위를 누군가와 함께 가는 경우가 허다하다. 사람이 사는 곳에 비환이 있고, 비환이 있는 곳에 정회가 있기 마련이다. 말이 통하지 않는 먼 나라 사람일지라도 정은 통한다. 사람의 본성은 매한가지니 비록 차창 밖으로 스쳐 지나는 마을과 사람들, 버스가 정차하는 짧은 시간 동안 맺은 인연일지라도 길에서 여행자는 사람들과 소통하고 서로 애정을 나눈다. 여행을 할 때 사람과 사람 사이의 정은 무엇보다 중요하다. 라오스의 길은 이 소중한 진리를 깨닫게 해 주는 존재다.

폰사반에서 출발한 버스가 해발 2,700m 고산에 위치한 푸쿤$^{Phu\ Khun}$에 잠시 멈췄다. 이곳은 루앙프라방과 폰사반의 중간쯤 되는 마을이다. 방비엥에서 루앙프라방으로 갈 때도 들렀다. 여행지랄 것도 없는 동네지만, 라오스 북부나 북서부 지방을 여행하다 보면 반드시 거쳐야 하는 라오스 북부 교통의 요충지다.

버스가 멈춰 선 틈을 타 사람들은 잠시 휴식을 취하고 다시 먼 길을 달려간다. 하지만 버스가 떠나가는데도 나와 여행배낭은 그대로 푸쿤에 남아 버렸다. 특별한 이유는 없다. 그냥 높은 지대라 시원하고, 무엇보다 앞으로 루앙프라방까지 4시간은 족히 더 가야 하는 길이 부담스러웠다고나 할까. 시간이 닦달하는 것도 아니고 여행지가 하루 이틀 사이로 사라지는 것도 아닌데 천천히 간다고 문제 될 것은 없다.

배낭을 메고 터벅터벅 거리를 걷는다. 한기가 느껴진다. 주위를 둘러보니 사람들은 두꺼운 옷에 털모자까지 눌러쓰고 있다. 반바지에 얇은 반팔을 입고 돌아다니는 용감무쌍한 인간은 여행자들 뿐이다. 잠시 걷던 걸음을 멈추고 옷가지를 꺼내 주섬주섬 챙겨 입는다.

동남아시아가 사시사철 더운 지역이기는 하지만, 겨울철 고산지대는 생각보다 춥다. 나야 한국의 겨울 추위에 익숙한 터라 낮에는 반팔로도 견딜 수 있지만, 늘 여름 속에서만 사는 이곳 사람들에게 겨울은 우리나라 한겨울처럼 춥게 느껴진다. 밤이 되면 기온은 뚝 떨어져 추위에 잠을 설치기 일쑤다. 그도 그럴 것이 숙소는 대부분 난방 시설이 되어 있지 않고, 어디서 그렇게 바람이 들어오는지 알 수가 없다. 그러므로 더운 나라라 할지라도 고산 지역을 여행할 계획이라면 따뜻한 옷 한 벌은 준비하는 것이 좋다.

사뿐사뿐, 어디를 가시나요?

상쾌한 공기를 맡으며 동네를 돌아다니다 보니 사람들이 시끌벅적 북적이는 모습이 눈에 띈다. 궁금해서 곧장 그들 곁으로 다가갔다. 낯선 사람이 왔음에도 껄끄러운 시선을 보내는 사람이 하나도 없다. 오래전부터 알고 지낸 사람처럼 자연스레 '사바이디!' 하고 인사하고, 수줍어하는 여자들과는 살짝 눈웃음으로 반가움을 대신한다.

"누가 결혼이라도 하나요?"

"아니요, 오늘 부족 화합을 위한 새해맞이 행사가 열려요."

일종의 설날 큰 잔치를 하는 중이다. 원래 라오스에는 68개 소수 민족이 살았는데, 1975년 공산 혁명 후에 각 민족이 사는 지역에 따라 라오룸, 라오틍, 라오숭 이렇게 세 부족으로 통합했다고 한다. 오늘 행사는 험준한 산으로 가로 막혀서 서로 소통하기 힘든 고산마을 사람들이 한자리에 모여 친목을 다지는 의미에서 열리는 것이다. 우리나라에서 명절 때 가족 친지들이 함께 모여 윷놀이를 하고 음식을 함께 나누어 먹는 것과 별반 다르지 않다.

곱게 치장한 여자 아이들이 각기 자기네 부족의 전통춤과 노래를 뽐내고, 한편에서는 아주머니들이 지글지글 고기를 볶고 국을 끓이며 사람들을 위한 음식 준비에 여념이 없다. 배가 출출하기도 하고, 이들이 어떤 음식을 장만하는지 보고 싶어 슬며시 음식을 만드는 틈에 끼어들었다.

전통 옷을 입은 어린 소녀

곱게 치장한 몽족 아가씨

잔치에는 뭐니 뭐니 해도 고기가 빠질 수 없는 법. 아주머니들은 열심히 고기를 썰고 볶는다. 라오스의 대표적인 음식인 랍도 빠지지 않는다. 랍은 잘게 썬 고기와 마늘, 라임 등을 넣어 만든 라오스 스타일 고기볶음이다. 외국인 입맛에도 잘 맞아 여행자들 사이에서 인기다. 누구라도 라오스를 여행하다 보면 바게트와 더불어 가장 많이 먹게 되는 음식일 것이다.

돼지 껍데기를 삶은 것도 있다. 라오스에서는 돼지를 잡을 때 껍질을 벗기지 않는다. 우리가 먹는 돼지는 식용을 목적으로 단시간에 급격하게 살을 찌우기 때문에 비계가 많고 껍질도 두꺼워서 제거를 한다. 반면 라오스에서는 돼지를 풀어 놓고 키우는데 먹을 것도 넉넉하지 않고 크기도 작아서 껍질이 얇다고 한다. 그러니 구태여 껍질을 벗길 필요가 없다. 돼지 껍데기를 두툼하게 썰어서 삶은 것을 양념장에 찍어 먹으니 생각보다 고소하고 맛있다.

한국 음식하고 똑같은 것도 발견했다. 이름은 기억나지 않지만 다름 아닌 선짓국이다. 한 아주머니가 큰 통에 시뻘건 무엇인가를 넣으면서 국을 끓이기에 봤더니, 선지다. 우리나라에서만 먹는 음식인 줄 알았는데. 반갑기도 하고 신기하기도 하다. 하지만 쉽사리 맛을 볼 엄두가 나지 않는 것은 왜일까?

춤과 음악, 맛있는 음식이 있는 곳에 술이 빠질 수는 없는 일. 흥겨움을 더하는 데는 술이 단단히 한몫을 한다. 그런데 이 사람들이 술을 마시는 모습은 사뭇 색다르다. 자기 앞에 잔을 놓고 술을 따라 마시는 것이 아니다. 방준에 긴 빨대를 꽂아 여러 명이 함께 술을 마신다. 신기한 광경이다.

이들이 마시는 술은 라오하이라는 전통술이다. 맛은 우리나라 막걸리와 흡사하다. 술은 찹쌀과 왕겨를 깨끗이 씻어 잘 섞은 다음, 맥주 가루를 첨가해서 항아리에 넣어 발효시킨다. 술독은 지푸라기와 흙으로 단단히 막는다. 이렇게 보관하는 라오하이는 마을의 큰 행사 때 개봉을 한다. 그것도 마시기 직전에 바로 뜯어서 여럿이 빨대를 꽂아 마신다. 각자 잔에 따라 마시면 맛과 향이 변하기 때문이란다.

라오스 사람들은 낯선 이방인에게도 따스한 정을 나눠 준다.

　빨대로 천천히 음미하며 마시다 보면 금방 취하지 않을까. 하긴 오늘 같은 날에 좀 취한들 크게 문제 될 것은 없겠지. 뜻하지 않게 잔치에 참석한 불청객이지만 이들과 함께 즐거운 시간을 보내게 되어 무척 행복하다.

　만약 길을 재촉해 루앙프라방으로 향했다면, 이런 호사는 누리지 못했을 것이다. 여행 중에는 언제나 필연보다 우연이 많이 발생하고, 그 우연 속에서 잊지 못할 추억을 만들곤 한다. 라오스의 깊은 고산지대에서 만난 사람들이 베풀어 준 따스한 정은 내가 떠난 뒤에도 남아 있을 것이다. 나그네는 비록 뜬구름같이 왔다가 사라지지만, 그 자리에 남아 있는 사람들은 언제나 그래 온 것처럼 새로운 이방인에게 정을 베풀 것이다. 라오스에서 만난, 푸쿤에서 흥겨운 시간을 함께 보낸 사람들은 정을 통해 더욱 매력적인 존재가 되는 셈이다.

Inside Laos

라오스의 불발탄 및 지뢰 제거 노력

베트남 전쟁 기간 중인 1964~1973년까지 미군은 50만 회 출격을 통해
약 200만 톤의 폭탄을 라오스에 투하하였다.
그중 약 30%인 60만 톤이 불발탄으로 남아 있는 것으로 추정된다.

폭격은 라오스 북동부 호아판Houaphan, 시엥쿠앙Xieng Khouang과
호치민 루트로 이용된 사라반Saravan, 세콩Sekong,
참파삭Champassak, 사반나켓Savannakhet,
루앙프라방Luang Prabang 등지에 집중적으로 가해졌다.

불발탄 외에 라오스 인민혁명당과 베트남 공산당의 게릴라전 과정에서
설치한 지뢰MA, 불발수류탄 등도 많이 묻혀 있는 것으로 알려져 있다.
불발탄이 산재한 지역은 주로 베트남 접경 지역에 위치한 고산지대다.
주로 토지 개간 과정에서 폭발물 사고가 많이 발생한다.
1975년 이후 1만 3천 명의 희생자가 발생하였으며,
그중 1/3이 사망하였다. 2000년 이후에는 고철 매매를 위해 폭발물을
수거하는 과정에서 부주의로 발생한 폭발 사고가 증가하는 추세인데,
특히 아이들의 사고 건수가 60%를 차지하고 있어
불발탄 문제는 매우 심각하다.

라오스 정부는 UN 등 국제 사회의 지원 하에
1996년 라오스 노동부 산하에 UXO Unexploded Ordnance Lao를 설립하였다.
불발탄 처리 및 농경지 개간 사업 등을 지속적으로 전개해 왔으나,
불발탄 처리 과정에서 나타난 비효율성, 부패 등으로 인해
비판을 받았다. 그 동안 UXO Lao에는 미국, EU 외에
독일, 덴마크, 벨기에, 스위스, 노르웨이 등이 참여하였는데,
2004년까지 7년간 총 3,500ha에서 제거 작업을 하는 데 그쳤다.

주요 원조국들의 압력에 따라 라오스 정부는 2004년 불발탄 제거와
장기 개발 목적의 연계성을 강화하기 위한 장기 계획인
'2003~2013년 UXO 전략 계획'을 결의하였다.
전략 계획의 주요 내용에는 불발탄 희생자 수를 연 100명 미만으로
줄이기 위한 교육 강화, 향후 10년간 총 18,000ha 이상
제거 작업 진행 등이 포함되어 있다.

라오스의 불발탄 제거 작업을 위해 미국, 일본, 캐나다, 아일랜드,
룩셈부르크, 스위스, 독일, 호주 등이 지원하고 있다.
그 중 최대 지원국은 미국으로 2006년에 3천 4백만 달러를 지원했으며,
일본도 2006년부터 국방부 소속 전문가를 파견하여 불발탄 제거 작업을
진행하고 있다. 한국도 지난 2000~2003년까지 총 19만 달러를
UN 지뢰 퇴치 신착기금을 통해 지원하였다.

싸야부리
Sayaboury

라오스의 산골 오지

농사짓는 코끼리를
찾아가는 길

싸야부리
Sayaboury

　싸야부리는 원래 예정에 없던 곳이다. 루앙프라방의 여행사에서 이 동네에 가면 코끼리가 농사짓는 모습을 볼 수 있다고 해서 혹시나 하는 마음에 걸음을 옮긴다. 라오스는 란상왕국 당시만 해도 '백만 코끼리의 나라'로 불리던 나라다. 지금은 그 많던 코끼리가 전부 어디로 사라졌는지 모르지만 라오스에서는 전통적으로 코끼리를 이용해 농사를 지었다고 한다. 한국의 농촌에서 소를 논농사나 밭농사에 활용한 것과 같은 이치일 터. 운이 좋다면 농사짓는 코끼리를 목격할 수 있지 않을까.

　여행을 하다 보면 일정이란 늘 깨지게 마련이다. 계획에 없던 여행지를 방문하는 경우가 비일비재하다. 다른 여행자들은 어떨지 모르지만 적어도 내 경우에는 그렇다. 귀가 얇은 탓인지, 호기심이 많기 때문인지 이유는 모른다. 누군가가 여행지에 대해 흥미로운 이야기를 하면 나도 모르게 가 보고 싶다는 충동이 강하게 인다. 그리고 얼마 후 그곳에 가 있는 나를 발견하곤 한다.

　인도를 여행할 때는 캘커타 Calcutta 에서 만난 독일 여행자에게 다르질링 Darjiling 의 차밭 풍경이 매우 황홀하다는 말을 들었다. 그래서 뉴델리 New Delhi 로 가려던 계획을 무시하고 무작정 북쪽의 다르질링으로 가서 일주일을 보낸 적이 있다. 우크라이나에서는 루간스크 Lugansk 의 탄광 마을에 가면 신비한 일몰을 목격할 수 있다는 말에 기차를 타고 18시간을 달려가기도 했다. 카자흐스탄의 알마티 Almaty 에 머물 때는 민박집 주인이 미국의 그랜드캐니언 Grand Canyon 을 축소해 놓은 듯한 협곡이 있다고 해서 무턱대고 차린캐니언 Charyn Canyon 에 다녀오기도 했다.

터미널에서의 기다림

고단한 여정의 시작

흙먼지가 스멀스멀

누군가는 무모하다고 말할지도 모른다. 여행은 틀에 짜여 있는 존재가 아니다. 한국을 떠나올 때 내가 정말 가고 싶은 곳을 향해 왔듯이, 여행을 하면서 마음이 동하고 발길이 원하는 곳이면 어디든 간다. 이런 방식으로 다녀온 여행지는 언제나 만족스러울 만큼 기대를 충족시켜 주었다.
　라오스 북서쪽의 오지 싸야부리로 향하는 버스 안. 터미널의 표 판매원에게 4시간 거리라는 말을 듣고 내심 안심하고 있던 차였다. 이미 8시간이 넘는 거리를 수차례 경험한 터라 4시간은 아무렇지도 않았다.
　막상 버스가 달리기 시작하니 그게 아니다. 잠시 포장된 도로를 달리는가 싶더니 이내 비포장길로 접어든 것이다. 버스가 흔들릴 때마다 몸이 요동치고, 좌석이 좁아 꼼짝도 못하는 상황이니 짜증이 확 밀려온다. 무엇보다 괴로운 건 흙먼지다. 뒷문 옆에 앉았는데, 문이 제대로 닫히지 않는다. 닫으면 열리는 상황이 반복되었다. 그 사이 거대한 흙먼지가 문을 통해 고스란히 버스 안으로 들어오는 것이다.
　한참을 문과 씨름하던 한 사내가 방법을 생각해 냈다. 문을 닫고는 승객의 짐으로 막아 버린 것이다. 다행히 문은 더 이상 열리지 않았다. 그렇다고 문제가 해결된 것은 아니다. 문틈으로 흙먼지가 스멀스멀 올라오는 것이다. 정말 어쩔 도리가 없는 상황이다. 결국 버스 안 승객들은 4시간 동안 흙먼지와 사투를 벌이며 갈 수밖에 없었다. 그나마 높고 험한 고개를 넘지 않아도 되는 게 다행이다.

여행길에서 만나는 뜻하지 않은 풍경, 그리고 사람들….
이 모든 것이 여행을 풍성하게 만든다.

3시간 정도 달리니 이번에는 길이 사라져 버렸다. 강이 길을 가로막고 있는데 다리는 어디에도 보이지 않는다. '설마 매일 다니는 길인데 무슨 방법이 있겠지.' 하는 생각으로 기다리니 강 건너편에서 배가 온다. 이 길을 오가는 모든 차들은 배에 의지해 강을 건너는 형편이다.

버스라고 예외는 아니다. 승객을 모두 실은 버스는 아무렇지도 않은 듯 승선했다. 뜻하지 않은 뱃길 여행이 시작된 셈이다. 배 여행은 오래 걸리지 않았다. 5분 아니, 10분이나 걸렸을까. 힘겹게 강을 가로지르던 배가 강 건너편으로 버스를 무사히 데려다 준다. 버스는 또다시 흙먼지를 날리며 길을 재촉한다. 생각해 보면 흙먼지에서 해방될 수 있었던 짧은 뱃길 여행이 제일 행복한 때였던 것 같다. 아직 험한 길을 한참이나 더 가야하지만 마음은 가뿐하다. 머릿속이 온통 코끼리로 가득해 지루한 줄도 모른다. 과연 커다란 코끼리를 어떻게 길들여 농사를 짓게 만들었을까?

울퉁불퉁 산길을 돌고 돌아 드디어 싸야부리에 도착. 기쁜 마음에 선반에서 배낭을 내리는데 먼지가 수북하게 쌓였다. 그래도 이건 양호한 편이다. 뒷문 앞 좌석에 앉아 있던 젊은 아가씨의 검은 머리카락이 염색한 듯 갈색으로 변해 버렸다. 버스 안 승객들 모두 흙먼지로 샤워한 것처럼 뿌연 모습이다. 코끼리를 보자고 나선 길이 이리 험할 줄 알았다면 아마 포기했을 텐데. 모르는 게 약이고 무식하면 용감하다더니. 결국 내가 그 꼴이 되었다.

여하튼 우여곡절 끝에 싸야부리에 왔으니 코끼리를 찾아 나서야 한다. 그런데 어디로 가야 할지 막막하다. 무작정 논을 찾아갈 수도 없는 노릇이다. 추수가 끝난 후라서 논은 그야말로 황량한 벌판에 불과하다. 결국 사람들에게 물어볼 수밖에 없다. 일단 시장에 가서 장사하는 분들에게 여쭤워 봤다. 혹시라도 코끼리가 어디에 있는지 아는 사람이 있지 않을까.

그러나 어찌 된 일인지 코끼리에 대해 아는 사람이 없다. 서울에서 김 서방 찾기도 아니고 점점 잘못 온 건 아닌지 하는 후회가 밀려들었다. 아이들에게 물어봐도 돌아오는 건 선한 미소뿐이다. 더욱이 싸야부리는 여행자들이 거의 찾지 않는 곳이라 영어가 잘 통하지도 않는다. 다시 루앙프라방으로 돌아가고 싶지만 비포장길을 지나는 악몽이 떠올라 끔찍하다. 한참이 지나서야 연세가 지긋한 할아버지께 코끼리의 행방을 들을 수 있었다.

"안녕하세요. 저는 한국에서 왔어요. 여기에 코끼리로 농사짓는 곳이 있다고 해서요. 어디로 가면 코끼리를 볼 수 있어요?"

"코끼리? 여기에 없어요. 다른 데로 옮겨 간 지 한참 됐어요. 전에는 코끼리가 동네에서 농사도 돕고 쌀도 옮기고 했는데 지금은 없어요."

"그럼 어디로 가야 코끼리를 볼 수 있어요?"

"팍라이Pak Lai에 가 보세요. 동네에 있는 코끼리를 다 모아서 그곳에 있는 나무 옮기는 데로 보냈어요."

팍라이? 처음 들어 보는 지명이다. 얼른 지도를 펼쳐 위치를 확인하니, 한숨부터 나온다. 싸야부리에 온 거리보다 훨씬 더 남쪽으로 가야 한다. 코끼리라는 존재 때문에 먼 길을 달려왔는데, 또 다시 가야 한다니. 그것도 농사짓는 코끼리가 아니라 벌목장에서 나무를 옮기는 코끼리를 보기 위해서. 한동안 멍한 얼굴로 지도를 바라봤다. 어떻게 해야 할지 난감하다.

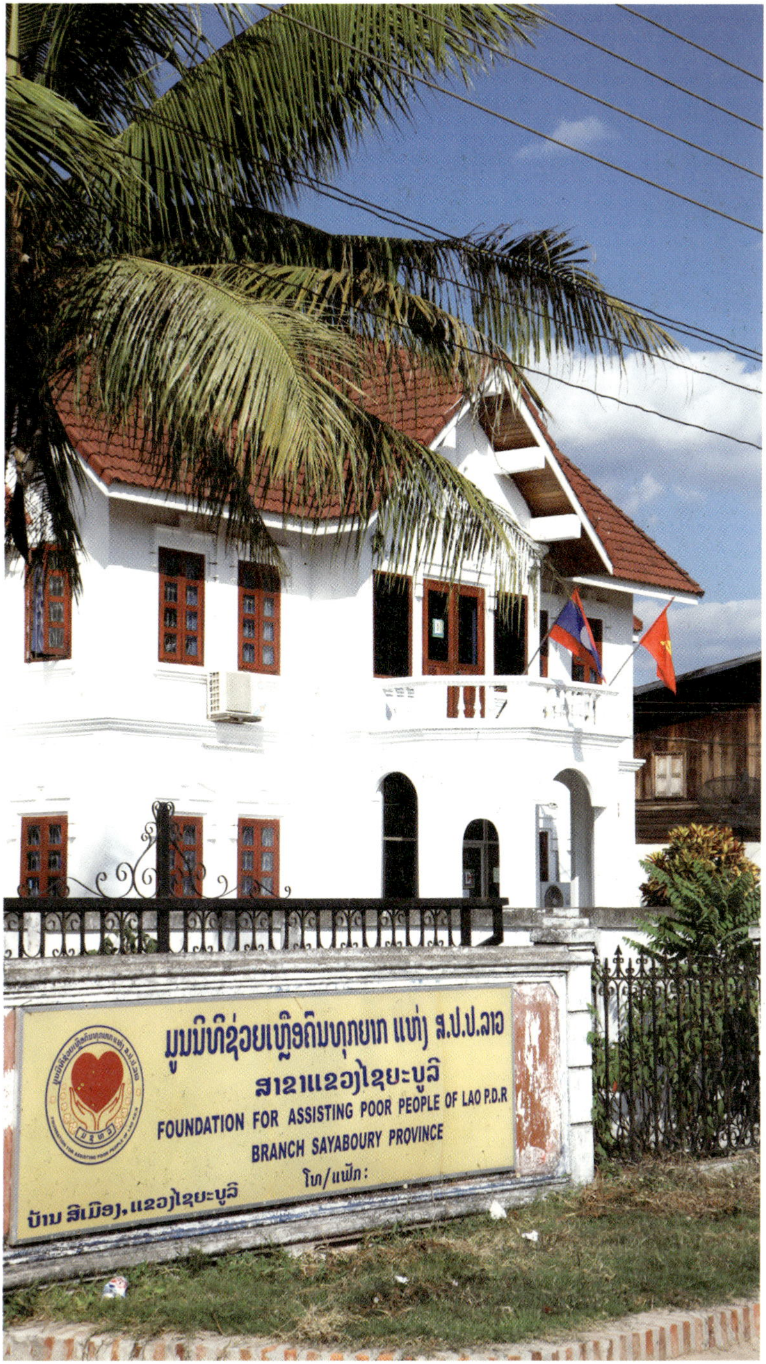
ມູນນິທິຊ່ວຍເຫຼືອຄົນທຸກຍາກ ແຫ່ງ ສ.ປ.ປ.ລາວ
ສາຂາແຂວງໄຊຍະບູລີ
FOUNDATION FOR ASSISTING POOR PEOPLE OF LAO P.D.R
BRANCH SAYABOURY PROVINCE
ໂທ/ແຟັກ:
ບ້ານ ສີເມືອງ, ແຂວງໄຊຍະບູລີ

어쩌다 눈이 마주치면 그저 수줍게 웃음 짓는 싸야부리 사람들

고민 끝에 어렵사리 결정을 내렸다. 코끼리는 포기하기로. 이곳 싸야부리까지 힘들여 온 것은 '농사짓는 코끼리'를 보기 위해서다. 지금은 코끼리가 더 이상 농사를 짓지 않는다. 팍라이까지 가더라도 벌목장에서 나무를 나르는 코끼리를 볼 수 있을 뿐이다. 나무를 나르는 코끼리는 별로 감흥이 일지 않는다. 이것이 팍라이행을 포기한 이유다.

왜 코끼리가 더 이상 농사를 짓지 않게 된 걸까?

경제적 빈곤 국가인 라오스에서 나무는 중요한 수출 품목이다. 목재로 사용할 만큼 큰 나무는 벌목이 허용되어 코끼리가 투입되었다고 한다. 기계 장비가 충분할 리 없는 이곳에서 무거운 나무를 끌고 옮기는 데 코끼리만 한 훌륭한 도구는 없다. 이곳 사람들 말로는 코끼리가 오전 7시부터 오후 5시까지, 하루 10시간이나 나무 나르는 일을 한다고 한다. 농사를 짓는 것에 비하면 무척 힘든 노동을 견뎌야 하는 셈이다. 코끼리를 자식처럼 생각하는 주인이라면 마음이 아플 법도 하다.

주인은 코끼리가 벌어 주는 경제적 이익을 포기할 수가 없을 터. 코끼리가 농사짓는 것보다 벌목장에서 일하는 것이 주인에게는 훨씬 유리하다. 농사를 지어 봤자 손에 쥘 수 있는 돈은 고작 몇 푼 되지 않기 때문이다. 코끼리가 있어서 주인은 벌목장에서 일할 수 있고, 그로 인해 일 년에 태국 돈으로 20만에서 30만 바트(한화 약 700만 원~1020만 원)를 받을 수 있다고 한다. 고향을 떠나 험한 일터에서 고된 노동을 하는 코끼리는 주인에게 효자 노릇을 톡톡히 하는 셈이다.

코끼리가 힘들게 일하는 모습을 생각하니 안쓰럽지만, 반대로 코끼리 덕분에 주인과 가족이 생활을 할 수 있으니 그들을 탓할 수도 없는 노릇이다. 비록 코끼리는 찾지 못했지만 아름답고 순수한 자연을 가진, 경제 산업이 개발되지 않은 빈곤국의 안타까운 현실을 뜻하지 않은 곳에서 접하게 되었다.

중국 못지않은
음식 천국

재래시장
Traditional Market

　코끼리를 보지 못한 실망은 잠시 접어 두고, 이왕 발걸음을 했으니 싸야부리 사람들의 꾸밈없는 삶 속으로 들어가기로 했다. 그래서 선택한 곳이 시장이다. 거짓 없는 사람들의 진짜 삶이 존재하는 장소기 때문이다.

　싸야부리의 시장은 없는 게 없기로 유명하다. 도대체 무엇을 팔기에 없는 게 없다고 하는 건지. 시장에 들어서니 좌판이 줄줄이 늘어서 있다. 좌판은 크지 않다. 아주머니, 할머니들은 직접 준비한 과일이며, 야채, 동물 등을 판다. 우리네 장날 분위기와 별반 다르지 않다. 흥겨운 음악 소리가 들리지 않는 점이 다르다면 다를까.

　시장이라면 "싱싱한 고등어가 한 손에 얼마…." 혹은 "산에서 직접 캔 나물 좀 봐요." 하고 소리치는 장사꾼의 목소리가 들려야 하건만 여기는 너무 조용하다. 누구 하나 자기 물건을 사라고 목청껏 소리치는 사람이 없다. 장터는 시끌벅적해야 제맛인데. 좌판을 두리번거리는 나를 보고도 그저 옅은 미소만 보낼 뿐이다. 이래서는 재미가 없다. 물건을 살 것처럼 이것저것 물어도 보고, 값을 깎아 달라, 안 된다 하면서 실랑이도 하는 것이 시장 분위기가 아니던가. 하지만 싸야부리의 시장 사람들은 얌전하기만 하다.

싸야부리 재래시장

"보기보단 맛있어요!"

별나고 별난 음식 재료

그렇다고 시장을 돌아보는 게 재미없는 것만은 아니다. 내가 살 수 있는 것이라고는 채소, 과일이 전부지만 신기한 것들이 많아 보는 재미가 쏠쏠하다. 시장을 지나다 조그만 물고기, 우렁이, 새우가 담긴 그릇에 벌레가 가득히 들어 있는 것을 발견했다.

'뭐야? 왜 파는 물건에 벌레가 한가득하지. 벌레를 치워야 사람들이 물건을 살 텐데 왜 치우지 않는 거야.' 처음에는 음식에 벌레가 꼬인 줄로만 알았다. 그런데 모두 파는 거란다. 그릇에는 개구리, 딱정벌레 같은 것 외에도 이름을 알 수 없는 여러 종류의 곤충과 벌레가 골고루 담겨 있다. 벌레모둠인가? 이런 것들을 한꺼번에 넣고 조리하면 맛있는 음식이 되기는 하는 건지. 흉물스러운 벌레의 모습을 보고 고개를 절레절레 흔드는데, 맛있으니 한 접시 사라고 아주머니가 한마디 한다.

가격은 한 접시에 5천 킵, 한화로 700원 정도다. 해물탕처럼 골고루 넣고 끓이는 줄 알았는데, 양념장을 만들어서 다른 음식과 함께 먹는다고 한다. 보기에는 흉측해도 산으로 둘러싸여 먹을 게 충분하지 않은 이곳 사람들에게는 단백질을 공급해 주는 소중한 음식이란다.

신기한 음식 재료는 이뿐만이 아니다. 개구리는 너무 흔하고, 야생다람쥐 구이도 보인다. 흔한 것 중 하나가 육포다. 육포의 재료는 쇠고기가 아니라 다름 아닌 들쥐. 들쥐를 말린 포는 라오스 시장에서 흔히 볼 수 있다. 좌판을 몇 걸음 옮기니, 이번에는 박쥐가 손님을 기다린다. 세 마리씩 다리를 묶어 놓았다. 죽은 줄 알고 만져 보려 하자 박쥐가 꿈틀거린다. 아직 살아 숨을 쉬고 있는 녀석이다. 아무리 석회암 지형이라 동굴이 많다지만 박쥐를 어떻게 잡았는지 궁금하다. 그리고 먹을 생각까지 하다니. 도무지 내 머리로는 이해가 되지 않는다. 그나저나 박쥐는 어떻게 먹을까. 기름에 튀겨서 먹는 걸까. 박쥐가 징그럽다는 생각도 잠시, 갑자기 그 요리법이 궁금해졌다. 그러나 차마 조리법을 물어보지는 못하겠다.

라오스의 주식 찹쌀밥을 담는 통

    그야말로 주변에서 잡을 수 있고 먹을 수 있는 것은 다 모인 것 같다. 중국인들이 의자와 책상만 빼고 다리 달린 것은 다 먹는다고 하지만 라오스 사람들도 그에 못지않은 것 같다. 그야말로 시장은 별난 음식 재료가 모여 있는 별천지다.

    벌레모둠에 야생다람쥐 구이, 박쥐까지. 더 이상 놀랄 것도 없다고 생각할 무렵 시장에서 최고로 괴기적인 식재료를 목격했다. 젊은 아낙네가 커다란 쥐를 사는 거다. 세상에 돈을 주고 쥐를 사다니. 세상은 넓고 먹을 건 많다고 하지만 쥐를 먹다니. 한국에서는 상상도 할 수 없는 일이다. 좌판 위 바구니 속에는 살아 있는 쥐들이 바글바글하다. 식용으로 사용하는 야생쥐라고는 해도 왠지 기분이 찝찝하다. 쥐를 세 마리나 산 여자는 먼 나라 이방인이 의아해하는 표정을 보더니 쥐가 담긴 봉지를 들어 보이고는 "맛있어요." 하며 웃는다.

    싱싱한 찬거리를 장만했다는 뿌듯한 표정으로 값을 치르고 걸어가는 젊은 여인의 뒷모습을 보며 여러 생각이 떠올랐다. 보는 것만으로도 징그럽고 닭살이 돋지만 한편으로는 이곳 사람들이 오래전부터 즐겨 온 식문화라 생각하니 못 먹을 것도 없겠구나 싶다. 내 눈에는 이상한 것들이지만 물어보면 다들 맛있다고 한다. 내 것이 아니고, 늘 먹는 음식이 아니다 보니 편견을 가지고 바라보아서 그런지 놀랍고 신기할 뿐이다. 아마 이 사람들도 한국에서 홍어를 삭혀 먹는다거나 날생선을 회해서 먹는 모습을 보면 기겁을 할 것이다. 마음을 열고 이 사람들의 삶 속 한 부분임을 인정한다면 시장에서 파는 박쥐며, 들쥐포며, 벌레들이 더 이상 혐오식품으로 다가오지 않을 것이다. 라오스의 음식 문화를 인정하고 이해하는 마음을 시장의 좌판에서 배운 하루다.

Inside Laos

나 라오스 데릴사위 할래

여행을 하면서 신랑이 결혼지참금을 지불하고
신부 집에 들어가 산다는 이야기를 들었을 때,
아직도 이런 나라가 있다는 것에 놀랐다.
그러면서도 '금방 분가하면 되지 뭐가 문제야.' 하고 쉽게 생각했다.

그런데 분가는 장인이 허락하지 않으면 할 수 없단다.
그럼 얼마나 처가살이를 해야 하는 걸까?
사실인지 모르겠지만, 사람들 말에 따르면 결혼지참금 액수에 비례한다.
신부 집에 지참금을 많이 주면 그만큼 데릴사위 생활을 짧게 할 수 있다.
이 이야기를 듣고 라오스 남자들이 참 불쌍하다고 생각했다.

하지만 여행을 하는 내내 지켜보니 그리 불쌍한 것만도 아니었다.
시장이나 길거리에서 장사를 하는 사람들은 거의 모두 여자였다.
심지어 시골에서는 힘겹게 장사하는 아내 옆에서 기타를 치며
노래를 부르는 남편의 모습을 자주 목격했다.

라오스는 아직도 모계사회의 전통이 생생하게 남아 있다.
그래서 여인들은 가정에 대한 책임감이 무척 강하다.
집안일에서 아이를 키우는 일,
심지어 생계를 꾸리는 일조차 여인들이 큰 역할을 한다.

결혼지참금이 뭐 그리 대수겠는가. 결혼해서 배짱이처럼 살 수 있다면
그 정도는 얼마든지 감당할 수 있지 않을까.
생계를 위해 열심히 발로 뛰는 수많은 남성들에게 미안한 말이지만,
나는 고생하는 아내를 외면하고 시원한 나무 그늘에서
기타 치며 노래 부르는 남성들이 부러웠다.

사람만이 희망이다

에필로그
Epilogue

살다 보면 문득 끝없이 아득한 옛날이 그리울 때가 있다. 그럴 때면 수많은 여행지 중 가만히 라오스를 떠올린다. 포장되지 않은 흙길, 알몸으로 물속에 뛰어드는 아이들, 나무로 불을 피워 밥하는 아낙네 등. 안개같이 퍼지는 기억 속에서 실로 오염되지 않은 순수한 세상 속 풍경이 선향처럼 피어오른다.

누구나 여행을 한다. 그러나 같은 여행을 함에도 서로 다른 경험을 하게 된다. 누구나 여행을 하면서 사람을 만나지만, 사람에 대한 평은 제각각이다. 내가 라오스에서 만난 사람들의 진면목이 무엇인지 나는 모른다. 그러나 분명하게 느낀 사실 하나는 라오스 사람들은 꽃보다 아름다운 미소와 마음을 지녔다는 것이다.

"시장하면 밥을 먹고/고단하면 잠을 잔다/어리석은 사람은 나를 비웃지만/지혜로운 이라야 현자를 알 수 있으리/어리석은 것이 아니라/근본체가 본래 그러하니/가려면 가고/멈추려면 멈춘다/몸에는 해진 누더기 한 벌 입었고/다리에는 엄마가 만들어 준 바지를 걸쳤다"

중국 당나라 때의 고승 나찬이 지은 '낙도가'의 일부다. 나찬은 염세주의적인 도피나 비관적인 자포자기와는 전혀 다른 초월의 삶을 노래했다. 인간이 자연의 한 부분이요, 자연이 곧 인간의 일부다. 푸른 산을 보면 마음이 상쾌하고 넓은 바다를 대하면 한없이 너그러워지는 것도 이런 심성에서 비롯한 것이다.

라오스 사람들은 이 심오한 의미를 깨달은 듯하다. 나라 경제를 대부분 외국 원조에 의지해야 하는 현실, 세계 극빈국 중 하나라는 오명도 그들에게는 크게 문제가 되지 않는다. 대개 빈곤은 약탈을 낳고, 궁핍은 사람을 그악스럽게 만든다. 하지만 라오스에서 만난 사람들의 표정은 너그럽고 부드럽다. 크게 욕심을 부리지도 않고, 상대에게 무리한 요구를 하지도 않는다. 아마도 그네들의 삶이 자연을 바탕으로, 자연에서 이루어지기 때문이 아닐까.

길에서, 강에서, 사원에서 만나는 사람마다 수줍게 건네주는 미소를 보면 행복은 돈의 많고 적음에 있는 것이 아니라는 사실을 알게 된다. 바로 우리가 가진 욕심의 많고 적음에 달려 있음을 깨닫는다. 우리가 그토록 외친 '유전무죄 무전유죄'라는 말이 이곳에서는 소용이 없다는 사실을 알게 되기까지는 그리 오랜 시간이 필요하지 않다.

1860년대 프랑스 식민지 생활, 1945년 이후 30년간 지속된 내전, 그리고 베트남 전쟁 동안 미군이 자행한 50만 회 폭격과 2백만 톤 이상의 폭탄 세례까지. 라오스는 굴곡 많은 현대사를 겪으며 힘겹게 성장하고 있다. 사람들은 헐벗은 겨울 벌판에서 벗어나 서리 묻은 몸을 털듯 앞을 향해 열심히 달려간다. 추운 바람과 차디찬 겨울을 버텨내니 그들 앞에는 어느새 연둣빛 희망이 펼쳐진다. 부릉부릉 소리를 내며 달려가는 코라오 오토바이. 그 힘찬 몸짓에는 사람들이 간직한 꿈과 미래가 실려 있다.

　자유에 대한, 행복에 대한 짧은 입맞춤. 그 감질나는 사랑만으로도 힘들고 어려웠던 시절은 추억이 되고, 미래를 향한 자양분이 된다. 언 땅 아래 움츠렸던 씨앗이 색색의 꽃을 챙겨 들고 고개를 내밀었으니, 찬란하게 부서지는 햇살이 그네들 머리 위를 따스하게 보살펴 줄 것이다.

스페셜 챕터
Special Chapter

사바이디 라오스

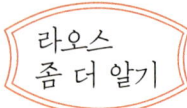

라오스 좀 더 알기

국가 기본 정보

국명	라오인민민주공화국Lao People's Democratic Republic
국가형태	공화국(1975년 12월 2일 사회주의 인민공화국 건립)
정부형태	대통령제(임기 5년, 국회에서 선출)
정당	라오인민혁명당(LPRP) 외에 다른 정당을 법적으로 인정하지 않는 일당체제
국기	라오스 국기는 가운데 파란 줄을 중심으로 아래 위에 빨간색 줄이, 그리고 중앙에는 하얀색 원이 그려져 있다. 빨간색은 혁명전쟁에서 흘린 피를, 파란색은 라오 민족의 번영을 의미한다. 중앙에 있는 흰 원은 밝은 미래 또는 공산주의 정부 아래 단합을 상징하는 것으로 메콩 강 위로 떠오르는 보름달을 의미한다. 거의 모든 공산권 국가의 국기에는 별이 들어 있는데, 라오스 국기에는 별이 없다. 1975년 프랑스령에서 독립하고 국호를 라오인민민주주의공화국으로 정하면서 국기도 함께 제정하였다.
인구	680만 명. 인구밀도는 동남아시아 국가 중 최저로 1㎢당 28명
시차	한국보다 2시간 느리다.
면적	23만 6,800㎢. 한반도의 1.1배
공용어	공식 언어는 라오어. 소수민족별로 고유 언어를 사용하기도 한다. 외국어로는 프랑스어, 영어, 중국어, 태국어, 베트남어가 일부 도시에서 통용된다.
민족	라오 타이Lao Thai, 라오 담Lao Dam, 몽족Hmong 등 47개 민족으로 구성되어 있으나, 일반적으로 라오 룸Lao Loum, 라오 퉁Lao Theung, 라오 숭Lao Sung으로 민족을 구분한다. 이 민족 구분은 사는 위치에 따른 것으로 라오 룸은 메콩 강을 중심으로 낮은 지대에, 라오 퉁은 해발 400~900m의 산악지대, 라오 숭은 해발 1,000m 이상의 고산지대에 사는 민족을 말한다. 이중 라오 룸이 전체 인구의 50%를 차지한다.

기타 주요 정보

지형

라오스는 산악지대, 고원지대, 평원지대 등 세 가지 지형적 분포를 보인다. 그중 산악지대가 전체 면적의 80%를 차지한다. 주로 북부지역과 베트남과 인접한 지역이 험한 산들로 둘러싸여 있다. 평원지대는 메콩 강 유역을 따라 분포한다. 가장 큰 비엔티안 평원은 능 강Nam Ngum 하류에 자리한다. 비옥한 토질을 자랑하는 평원지대는 라오스의 곡창지대로 국토 면적 중 1/4을 차지한다. 또한 라오스에는 무수한 강과 지류가 얽혀있다. 그중에서도 젖줄인 메콩 강은 북에서 남으로 장장 1,898m에 걸쳐 흐른다. 강과 지류는 수력 발전을 위한 위대한 잠재력을 제공한다.

기후

1년 내내 고온다습한 열대 몬순 기후를 보인다. 계절은 남서풍이 부는 우기와 북동풍이 부는 건기로 구분된다. 우기는 5월부터 9월, 건기는 10월부터 4월까지다. 연평균 기온은 약 28℃, 4월과 5월 중에는 최고 38℃까지 오른다. 수도인 비엔티안은 1월이 가장 추운데, 최저기온은 19℃다. 평균 강수량은 약 1,700mm이고, 남부지방의 강수량이 3,000mm 이상으로 제일 많다. 비엔티안의 강수량은 약 1,500~2,000mm, 북부지방은 1,000~1,500mm 정도이다.

교육

라오스의 학제는 초등학교 5년, 중등교육 6년으로 되어 있다. 헌법에 초등교육은 의무교육으로 규정하고 있으나, 실제 취학률은 평균 75%(여자 72%, 남자 79%) 정도다. 중등과정 취학률은 전기 3년 과정이 39%(여자 33%, 남자 46%), 후기 3년 과정이 19%(여자 15%, 남자 22%)다. 대학 취학률은 2%(여자 1%, 남자 3%)에 지나지 않고, 문맹률이 높아 성인이 글을 읽고 이해하는 경우는 평균 58%(여자 42%, 남자 64%)다.

종교

라오스 국민 중 90%가 소승불교를 믿는다. 8세기 무렵으로 실론에서 캄보디아를 거쳐 라오스에 전해졌고, 14세기 파 응움 왕이 불교를 국가종교로 정하였다. 또한 소승불교의 공통된 믿음을 바탕으로 라오 문화를 발전시키기 위해 국민으로 하여금 애니미즘이나 민간신앙을 포기하도록 하는 정책을 폈다.

불교는 라오스 사회와 국민들의 삶에 강한 영향을 끼치는데, 라오스 남자는 생에 한번은 짧은 기간 동안 승려가 된다. 전통적으로 남자는 사원에서 우기 동안 3달을 보내지만, 오늘날에는 줄여서 1~2주를 머무는 경우가 많다.

사원은 촌락생활의 중심 역할을 하고 있고, 승려는 사회에서 가장 존경받는 계층 중 하나다. 승려가 되기 위해서는 지방행정기관과 라오스인민혁명당 청년동맹의 허가를 얻어야 하며, 비엔티안과 루앙프라방 등 2곳에 승려사범학교가 있다.

문화 & 예술

라오스 문화의 핵심은 소승불교다. 종교 예술과 예술 전통의 기초가 된 건축물 등 풍부한 문화유산에 소승불교의 영향이 강하게 나타난다. 또한 여러 민족으로 구성되어 각각의 민족은 서로 다른 문화와 예술을 보여준다.

사원 또한 지역에 따라 서로 다른 건축 양식을 보인다. 비엔티안에 있는 사원은 규모가 크고 직사각형 구조로 건설되었다. 지붕이 높고 뾰족하며, 벽면은 벽돌과 치장벽토로 처리되어 있다. 반면 루앙프라방에 있는 사원은 지붕이 흐르는 듯 완만하고 낮다. 시엥쿠앙에 있는 사원은 지붕이 층을 이루지 않는 점이 두 양식과 다르다.

라오스의 종교 예술은 이웃 국가들과 확연히 구별된다. 예를 들면 비를 부르는 부처Calling for Rain posture of Buddha는 양 팔을 몸에 붙여 지면을 향하고 있으며 손가락은 가늘다. 이러한 양식은 다른 동남아시아 국가의 불교예술에서는 찾아볼 수 없는 특징이다.

라오스 여행 정보
통화 및 환율
라오스의 화폐단위는 킵Kip이다. 은행, 공항, 사설환전소에서 환전이 가능하며, 환전을 할 때 미국 달러, 유로, 태국 바트 등이 유리하다. 북부의 중국 인접 도시에서는 위안도 사용한다. 화폐는 500, 1,000, 2,000, 5,000, 10,000, 20,000, 50,000킵이 있다. 환율은 8,000킵이 한화 1,100원(2014년 12월 기준) 정도이다.

신용카드
신용카드 사용이 모든 도시에서 보편화되지는 않았으나, 현재 비자카드가 가장 널리 통용된다. 마스터카드와 아메리칸 익스프레스는 비엔티안이나 루앙프라방 같은 큰 도시의 은행, 호텔, 식당, 기념품 숍에서 사용 가능하다.

전압
220V. 한국에서 사용하는 전자제품을 그대로 사용하면 된다. 단 우기에는 벼락이 심하게 칠 때가 있으니 전자제품 사용에 주의해야 한다.

공휴일
- 1월 1일 : 신년
- 1월 6일 : *파테트라오의 날 Pathet Lao Day

*라오스 해방운동 좌파세력인 파테트라오가 베트남과 힘을 합쳐 프랑스를 몰아내고 완전독립을 이룩한 것을 기념하는 날

- 1월 20일 : 군인의 날
- 3월 8일 : 여성의 날
- 3월 22일 : 라오 인민당의 날
- 4월 15~17일 : *삐마이 라오 Pi Mai Lao

*라오스 사람들의 실질적인 새해. 계절적으로 가장 더울 때며, 서로에게 물을 뿌리며 행운을 기원한다.

- 5월 1일 : 노동자의 날
- 6월 1일 : 어린이의 날
- 8월 13일 : *라오 이사라 Lao Issara

*2차 대전 후 프랑스의 재진출에 대항해서 싸운 라오 이사라(자유 라오스) 기념일

- 8월 23일 : 광복절
- 12월 2일 : *독립기념일

*파테트라오가 왕정을 폐지하고 '라오인민민주주의공화국'을 건립한 날

란상왕국 시대

최초의 라오왕국은 파 응움 왕이 1353년에 세운 란상왕국이다. 파 응움 왕은 크메르(현 캄보디아)왕국의 원조를 받아 소국들을 통합하여 루앙프라방에 란상왕국을 건설하였다. 이후 파 응움 왕은 시암(현 태국)과의 전쟁을 통해 비엔티안까지 영토를 넓혔다. 또한 불교를 수용해 전파하였고, 신성한 불상인 '파방'을 루앙프라방으로 가져오기도 했다.

파 응움을 계승한 왕들 중 1548년부터 1571년까지 통치한 세타티랏 왕은 동쪽으로 세력을 확장하며 수도를 비엔티안으로 옮겼다. 이때 탓루앙과 에메랄드 불상을 모신 왓 프라캐오Wat Phra Keo를 세웠다. 또한 버마(현 미얀마)의 위협을 피하기 위해 아유타야와 조약을 맺어 수도를 방어하는 등 뛰어난 외교 능력을 보이기도 했다.

1603년 미얀마의 침략으로 붕괴될 위기를 맞았으나 1637년 술리나봉사Souliyavongsa 왕이 재건하여 약 반세기 동안 황금기를 누렸다. 그러나 술리나봉사 왕이 후계자를 남기지 못해 왕위 계승을 놓고 내분이 일어났고, 결국 비엔티안, 루앙프라방, 참파삭에 각각 다른 왕국이 세워졌다. 내란은 주변국에 침략의 기회였다. 1778년 시암의 침략으로 도시는 파괴되었고, 신성하게 여기는 에메랄드 불상과 파방마저 빼앗겼다. 차오아누Chao Anou는 1804년 비엔티안 왕이 되어 1827년 시암을 공격하였으나 오히려 이 반란으로 인해 비엔티안 왕가는 폐절되고 왕국은 태국의 직할령이 되었다.

프랑스 식민지 시대

라오스는 태국의 지배를 받고 있었으나 프랑스 군대가 메콩 강까지 올라와 태국에게 메콩 강 동쪽의 영토 지배권을 인정받아 라오스를 프랑스에 귀속시켰다. 제2차 세계대전이 발발하면서 1940년 9월 일본군이 인도차이나에 진주하였고, 세계대전이 끝나갈 무렵인 1945년 4월 라오스는 일본군의 도움을 받아 프랑스를 물리쳤다. 그해 10월 펫사랏 왕자가 '라오 이사라'라고 불리는 민족운동조직을 결성하며 독립을 선언했으나 프랑스는 이를 인정하지 않고 다시 식민지화를 기도하였다. 1946년 초 프랑스는 라오스, 베트남 군대와 메콩 강에서 충돌하였다. 3일간의 전투 끝에 라오스 저항군의 주요 인사들은 태국으로 피난하여 독립정부 구성을 모색하게 되었다. 1949년 프랑스와 라오스 왕가가 협의한 끝에 라오스에 더 많은 자치권을 허용한다는 것에 합의했지만 국방, 외교, 재정에 대한 권리는 여전히 프랑스가 소유한 상태였다. 1950년에는 좌파세력이 뭉친 '파테트라오'라는 조직이 탄생했다. 파테트라오는 '라오스의 나라'라는 뜻이다. 그 사이 인도차이나 전쟁은 계속되었고, 1954년 5월 프랑스군이 베트남군에게 대패하면서 통치의 종말을 고하게 되었다. 7월 제네바협정에 따라 라오스는 독립을 획득하였다.

베트남전쟁과 내전

1957년 연립정부가 세워졌지만, 미국이 지원하는 우익Royal Lao Government과 베트남의 지원을 받은 좌익, 파테트라오가 대립하면서 내전이 시작되었다.

1961년 베트남과 미국 사이에 전쟁이 발발했고 라오스도 전쟁 상황에 놓이게 되었다. 베트남전쟁 당시 미군은 라오스가 베트남 공산세력에게 무기를 전달해주는, 일명 '호치민 통로'라고 해서 무차별 폭격을 가하였다. 미국은 제2차 세계대전 동안 전 세계에 떨어진 것보다 많은 양의 폭탄을 라오스에 투하했다. 그러나 미국은 베트남을 상대로 고전을 면치 못하자, 1973년 1월 파리평화협정에서 북베트남과 정전협정에 합의했다. 이에 따라 2월에 라오스 침공을 중단한다는 협상도 맺어졌다. 이윽고 1974년 파테트라오를 중심으로 단일 정부가 조직되었고, 1975년 4월 30일 남베트남의 사이공이 함락되면서 라오스의 우익파는 종말을 맞게 된다. 1975년 12월 2일 승리를 쟁취한 파테트라오는 라오스 왕정을 폐지하고 '라오인민민주주의공화국'을 출범했다. 이로써 30년에 걸친 내전은 완전히 종식되었다.

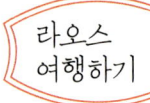

라오스에 입국하기

비자

2008년 9월 1일부터 일반여권을 소지한 대한민국 국민(단 외교관 및 관용여권 소지자는 종전과 동일하게 비자를 발급받아야 함)에 한해 15일간 무비자로 체류가 가능하다. 사증면제기간 이후 라오스에서 체류기간을 연장할 경우 1일당 2달러의 수수료가 붙는다.

항공

비행기로 라오스에 입국할 경우 세 곳의 국제공항을 통하게 된다. 수도인 비엔티안의 왓타이국제공항Wattay International Airport, 루앙프라방 주의 루앙프라방국제공항Luang Prabang International Airport, 참파삭 주의 팍세국제공항Pakse International Airport 등이다. 직항 항공편으로는 진에어와 라오항공이 운항 중이고, 그 외에는 베트남이나 태국, 캄보디아를 경유해야 한다.

경유해서 갈 경우 베트남항공VN이 가장 편리하다. 호치민이나 하노이를 경유해야 하지만 비엔티안이나 루앙프라방으로 바로 연결되기 때문에 여행 시 이용하면 좋다. 베트남항공은 하노이에서 루앙프라방 구간을 매일 12:25, 18:50, 비엔티안 구간을 매일 09:40에 운항한다. 호치민에서는 비엔티안까지 매일 16:15에 운항한다.

육로

중국 → 라오스	중국 서남부 윈난 성의 남쪽 마을인 멍훈Mohan을 통해 라오스 북부의 국경마을인 보텐으로 입국할 수 있다. 중국 국경 개방시간은 오전 8시에서 오후 5시까지, 라오스는 오전 8시에서 오후 4시까지이다. 중국 멍라Mengla에서 라오스 루앙남타Luang Nam Tha까지 하루 한 대, 오전 9시에 버스가 출발한다.
태국 → 라오스	라오스와 태국 사이에는 총 다섯 곳의 국경이 개방되어 있다. 여행자들은 태국 넝카이Nong Khay에서 우정의 다리를 건너 비엔티안으로 넘어가는 구간을 가장 많이 이용한다. 개방시간은 오전 6시부터 오후 10시까지. 루앙프라방과 태국의 치앙마이를 여행하는 경우에는 치앙콩Chiang Khong → 훼이싸이Houai Xay 구간을 이용하면 된다. 이 구간은 보트를 타고 메콩 강을 가로 질러 건너야 한다. 라오스 중남부를 여행한다면 나콘 파놈Nakhon Phanom → 타켁Thakhaek, 묵다한Moukdahan → 사반나켓Savannakhet 구간이 있다. 특히 묵다한과 사반나켓은 신 우정의 다리로 연결되어 있다. 태국과 라오스를 연결하는 국제버스가 하루에 12회 운행한다. 남부는 총멕Chong Mek → 방타오Vang Tao를 이용한다.
베트남 → 라오스	라오스는 동쪽이 모두 베트남과 국경을 이룬다. 베트남의 라오바오Lao Bao → 데네사반Dene Savanh 국경이 많이 이용된다. 국경 개방시간은 오전 7시부터 오후 6시까지. 농햇Nong Haet → 남칸Nam Kan 구간은 폰사반으로 갈 때 유용하며, 케오느아Keoneua → 남파오Nampao 구간은 오전 7시부터 오후 6시까지 국경이 개방된다. 이 외에도 카오께오Kao Cheo → 남파오Nam Phao, 나메오Nameo → 반레우리Banleui 등의 구간이 있고, 나파오Napao → 챠로Chalo 구간은 국경에서 비자를 발급해주지 않아 외국인의 이용이 극히 드물다.
캄보디아 → 라오스	라오스 남부의 메콩 강을 통해 캄보디아의 카로르Dong Calor → 라오스의 븐캄Veun Kham 구간에 국경이 개방되어 있지만 교통이 불편하기 때문에 많이 이용하지는 않는다.

라오스 교통수단

항공
라오항공이 모든 국내선을 운항한다. 비엔티안에서 루앙프라방까지 버스로 이동하면 9시간이 걸리는데, 비행기를 이용하면 30분이 소요된다. 항공편 이용은 여행 일정이 짧은 여행자에게 추천할 만하다. 단 여행 성수기에는 좌석을 예약하기 어려워 미리 준비를 해야 한다. 비엔티안과 루앙프라방을 운항하는 라오항공은 신용카드 결제 시 수수료가 부과된다.

버스
라오스에는 철로가 놓여 있지 않아 기차가 운행하지 않는다. 그래서 장거리 이동에 가장 많이 이용되는 교통수단이 버스다. 한국에서 수입한 중고버스가 대부분이며, 근래에는 각 여행지를 연결하는 미니버스, VIP버스가 운행해서 편리하다. 로컬버스는 한국의 고속버스를 생각한다면 실망할 정도다. 도로 포장이 되어 있는 구간도 적고, 높은 산을 오르내려야 하기 때문에 버스 이동이 쉽지만은 않다.

트럭버스
말 그대로 트럭을 개조해 버스로 이용한다. 화물칸을 개조해 양옆에 기다란 나무판을 대어 좌석을 만들어 승객을 태운다. 정해진 좌석도 없고 승차감도 불편하다. 또한 비포장도로를 달리기 때문에 흙먼지를 뒤집어 쓸 각오를 해야 한다. 주로 북부 지방에서 운행한다.

보트
메콩 강과 지류를 연결하는 교통수단으로 슬로보트와 스피드보트가 다닌다. 그러나 여행자들이 이용하기는 힘든 교통수단이다. 시간이 오래 걸리고 비용도 만만치 않다. 가장 인기 있는 구간은 훼이싸이~루앙프라방, 팍세~시판돈 Si Phan Don이다.

툭툭
오토바이와 함께 가장 일반적인 시내 교통수단이다. 보통 10여 명 정도가 탑승할 수 있다. 정해진 노선을 운행하기도 하지만, 손님이 없는 경우 택시처럼 이용할 수도 있다. 썽테우보다 작은 것으로 바퀴가 3개 달린 쌈러도 있다. 쌈러는 택시라고 생각하면 되고 목적지까지 흥정을 한 후에 이용하면 된다.

라오스 여행 시 주의사항

수상레포츠 안전사고
방비엥에서 하는 카야킹, 튜빙 등은 여행자들에게 인기 만점인 수상레포츠. 그러나 수영에 자신 있다고 자만하여 간혹 구명조끼를 착용하지 않아 불미스러운 일이 발생하기도 한다. 특히 우기에는 적은 비에도 수량이 급격히 불어나 물살에 휩쓸려 사망하기도 하므로 반드시 구명조끼를 착용해야 한다.

오토바이 사고
라오스는 대중교통이 발달되어 있지 않고 도시가 작은 편이다. 그래서 여행자들 사이에는 오토바이를 대여해서 시내를 돌아다니는 것이 일반적이다. 문제는 오토바이 조작 미숙으로 크고 작은 사고가 많이 발생한다. 특히 술을 마시고 오토바이를 운전하는 경우도 많다는 것. 또한 현지인과 접촉사고가 나서 피해를 보기도 하는데, 라오스 사람들의 경제 사정이 어려운 탓에 전혀 보상을 받지 못하는 경우도 있다. 반드시 여행자보험에 가입하자.

강도 및 절도 사고
라오스의 호텔에서는 소지품을 분실할 경우 책임을 지지 않는다는 경고문을 붙여 놓는 경우가 많다. 만일 숙소에서 문단속을 제대로 하지 않아 소지품을 도난당하는 사고를 당할 경우 이에 대한 보상을 받기 어렵다. 도난 피해를 당한 경우 관할 경찰서에서 신고하여 분실신고서를 발급받아야 한다. 여권 및 여행자수표 등은 사본을 만들어 보관하고, 신용카드, 항공권 등은 번호를 따로 적어 보관하는 것이 좋다.

주요 기관 연락처
● **한국 대사관**
ADD Lao-Thai Friendship Road, Ban Watnak, Sisattanak District, Vientiane, P.O.Box 7567, Lao PDR
TEL 856(라오스)-21(비엔티안)-352-031
EMAIL laos@mofa.go.kr
WEB lao.mofa.go.kr

● **현지 긴급 연락처**
화재 190
경찰 191
전기정전 199
전화 라오텔레콤 101, ETL 135

● **긴급 의료 지원**
앰뷸런스 195
Mahosot Hospital(International) 021-214022 · 응급실 021-240656
Setthathirath Hospital 021-351156
Australian Embassy Clinic 021-353840

라오스는 불교국가인 만큼 불교와 관련한 축제가 널리 행해진다. 축제 시기도 음력을 기준으로 하기 때문에 매년 축제일이 조금씩 다르다.

1월	**분 파웻 Bun Pha Wet**	부처의 환생으로 여겨지는 웨싼타라Wessantara 왕자를 기념하기 위한 행사. 설법, 축제, 무용 등이 열리며 마을마다 축제 시기는 다르다. 스님이 될 남자들을 고르는 날로 여겨진다.
2월	**마카부싸 Makha Busa**	2월 보름에 열린다. 석가모니의 제자 1,250명이 약속 없이 설법을 듣기 위해 모인 날을 기념하는 행사
3월	**분 쿤카오 Bun Khun Khao**	추수가 끝나는 시점에 열리는 추수감사 기념 축제
4월	**분 삐마이 Bun Pi Mai**	라오스 신년행사. 매년 4월 15일경 사흘 동안 열린다. 이 기간 동안 라오스 사람들은 불상을 향기 나는 물로 정성스레 씻으며 한해를 시작한다. 이러한 의식은 과거의 죄를 씻고 미래의 불운을 없애기 위한 것이다. 또한 서로에게 물을 뿌리면서 새해를 축복한다. 루앙프라방에서는 매년 미스삐마이Miss Pimai를 선발하는 행사가 열린다.
5월	**비자카 부싸 Visakha Busa**	부처의 탄생, 득도, 열반을 기념하는 날. 불교국가인 라오스에서 가장 중요한 날이며 전국 모든 사원에서 촛불 행진이 벌어진다.
	분 방파이 Bun Bang Fai	건기가 끝나고 우기가 시작되는 5월 중순경에 열리는 기우제 성격의 불교 행사. 오전에는 기우제를 지내고, 오후에는 커다란 대나무 로켓을 만들어 하늘로 쏘아 올린다. '로켓축제'로도 널리 알려져 있다.
7월	**분 카오판싸 Bun Khao Phansa**	우기가 시작되기 전 승려들이 사원에서 안거를 시작하는 날. 음력으로 여덟 번째 보름달이 뜰 때 의식을 시작하고 열한 번째 보름달이 뜰 때까지 계속된다.
10월	**분 옥판싸 Bun Oak Phansa**	3개월간의 안거가 끝나는 것을 기념하는 행사. 승려들은 사원을 떠나 친지들을 방문한다. 비엔티안의 메콩 강에서는 전국의 예선을 통과해 올라온 26개 보트 팀이 대규모의 보트 경주 대회를 펼친다.
11월	**분 탓루앙 Bun That Luang**	보름달이 뜨는 시기에 열리는 행사로 라오스에서 열리는 가장 화려한 축제. 비엔티안의 탓루앙에서 왓 시므앙까지 수천 명의 승려들이 긴 행렬을 이룬다. 이 외에도 불꽃놀이, 음악, 촛불 행렬 등이 일주일간 계속된다.

라오스 전도

인도
India

방글라데시
Bangladesh

미얀마
Myanmar

벵골 만
Bengal B

지금 이 순간
라오스

초판 1쇄 | 2015년 1월 2일

지은이 | 오주환

발행인 겸 편집인 | 유철상
책임편집 | 홍은선
디자인 | 서은주
교정·교열 | 홍은선
마케팅 | 조종삼, 남유니, 임지연
사진 | 오주환, 방문수, 베트남항공

펴낸 곳 | 상상출판
주소 | 서울시 동대문구 정릉천로 58, 306호(용두동, 롯데캐슬 피렌체 상가)
구입·내용 문의 | **전화** 070-8886-9892~3 **팩스** 02-963-9892
이메일 | cs@esangsang.co.kr
등록 | 2009년 9월 22일(제305-2010-02호)
찍은 곳 | 다라니

※ 가격은 뒤표지에 있습니다.
ISBN 979-11-86163-16-0(13980)

© 2015 오주환

※ 이 책은 상상출판이 저작권자와 계약에 따라 발행한 것이므로
  본사의 서면 허락 없이는 어떠한 형태나 수단으로도 이용하지 못합니다.
※ 잘못된 책은 구입하신 곳에서 바꿔 드립니다.

www.esangsang.co.kr